# 从零开始读懂 Web3

Anymose ◎ 著

北京大学出版社
PEKING UNIVERSITY PRESS

## 内 容 提 要

　　Web3正频繁出现在公众视野中，然而受阻于晦涩难懂的技术原理及陌生又拗口的专业术语，很多人对此望而却步。本书试图用通俗的语言、简单的结构、翔实的案例让零基础的读者迅速掌握Web3的核心要义。

　　Web3不仅仅是技术和金融语境，它和每个人的生活都息息相关。作为深耕Web3的研究机构，Inverse DAO将带你通过纵向时间线、横向技术线来立体、客观、完整地理解Web3。通过本书你既可以快速读懂Web3行业，也可以躬身参与实践。

　　希望本书可以抛砖引玉，启迪你的智慧之光，发现Web3更多、更广、更深的奥秘，助你在新的科技浪潮下，无往而不胜。

## 图书在版编目(CIP)数据

　　从零开始读懂Web3 / Anymose著. — 北京：北京大学出版社，2023.4
　　ISBN 978-7-301-33759-2

　　Ⅰ. ①从… Ⅱ. ①A… Ⅲ. ①信息经济—通俗读物 Ⅳ. ①F49-49

　　中国国家版本馆CIP数据核字(2023)第026448号

| | |
|---|---|
| 书　　　名 | 从零开始读懂Web3<br>CONG LING KAISHI DUDONG Web3 |
| 著作责任者 | Anymose　著 |
| 责 任 编 辑 | 刘　云 |
| 标 准 书 号 | ISBN 978-7-301-33759-2 |
| 出 版 发 行 | 北京大学出版社 |
| 地　　　址 | 北京市海淀区成府路205号　100871 |
| 网　　　址 | http://www.pup.cn　　新浪微博：@北京大学出版社 |
| 电 子 信 箱 | pup7@pup.cn |
| 电　　　话 | 邮购部 010-62752015　发行部 010-62750672　编辑部 010-62570390 |
| 印 刷 者 | 北京宏伟双华印刷有限公司 |
| 经 销 者 | 新华书店 |
| | 720毫米×1020毫米　16开本　13.75印张　211千字<br>2023年4月第1版　2023年4月第1次印刷 |
| 印　　　数 | 1-6000册 |
| 定　　　价 | 79.00元 |

未经许可，不得以任何方式复制或抄袭本书之部分或全部内容。
**版权所有，侵权必究**
举报电话：010-62752024　　电子信箱：fd@pup.pku.edu.cn
图书如有印装质量问题，请与出版部联系，电话：010-62756370

# 序 Preface

欢迎你,我的朋友!

正在阅读本书的你,可能是因为有兴趣了解更多关于互联网的下一阶段,甚至是更远未来的信息。你可能想了解什么是 Web3 和 DAO,以及为什么它们在今天变得越来越重要。毫无疑问,从我们的消费信息、媒体、娱乐和新闻的方式来看,互联网几乎改变了现代生活的方方面面。

你可能已经觉察到,现在我们在上网时,互联网好像知道我们在想什么,总会把我们想要的推荐给我们。那是什么原因?因为我们在使用各种平台时,平台会收集我们的各种信息来分析我们的兴趣爱好和需求,所以才能将精准的广告推荐给我们。此时,数据是中心化的,即数据不是属于我们自己,而是属于数据平台。

而我们为了保护自己的隐私,需要数据是去中心化的,于是 Web3 应运而生。Web3 是创始人、开发人员和社区成员正在构建的互联网的下一个时代,在这里数据不再归属于平台,而是属于用户个人。在 Web3 中,计算机可以在没有中介的情况下通过网络发送价值,还可以改变现代社会中依赖金融的一切旧有规则。所以,任何依赖价值转移的事物(如金融、艺术、游戏、工作、公共产品资金)都可能因 Web3 而发生巨大变化。

Web3 技术还可以改变人类持续资助非营利组织的方式，以及帮助我们解决气候变化、人口老龄化和极端贫困等问题的方式。

与任何技术一样，Web3 可用于公共利益或个人利益。我们必须协调以利用我们的天赋，并利用这个机会造福全人类。快来加入致力于利用互联网让世界变得更加公平和可再生的 Web3 社区吧。

Kevin Owocki

Gitcoin 和 Supermodular 创始人

# 前言
Foreword

这本书的诞生并非偶然。

随着信息技术的迭代创新，互联网开始向 Web3 的方向演进。Web3 不仅是智能互联网络，也更加安全和开放，是一个用户与建设者共享的新型经济系统，能带给用户前所未有的交互性及高度的沉浸感和参与感，并能有效解决 Web 2.0 时代的垄断、隐私保护缺乏、算法作恶等问题。因此，探究 Web3，对我国未来互联网基础设施建设和与此相关的产业发展具有重要意义。

在我组建的 Inverse DAO 里，成员们会经常一起讨论和研究 Web3 的前沿技术和行业发展的话题。因为很多人对 Web3 不了解，但又对 Web3 充满了好奇，所以只能上网搜索相关信息。然而 Web3 这个行业发展太快了，网络中有各种各样的碎片化信息，可能会让人看得眼花缭乱，依然无法系统地理解 Web3。于是，我们决定编写一本关于 Web3 的深入浅出的科普类图书，以让更多人有机会来接触和了解这个蓬勃发展的新技术。

Web3 不仅仅是技术和金融的语境，它还和每个人的生活都息息相关。作为深耕 Web3 的研究机构，Inverse DAO 通过纵向时间线、横向技术线对 Web3 进行了立体、客观、完整的理解。通过本书你既可以快速读懂行业，也可以亲身参与实践。

本书内容分为三大部分，共6章，主要围绕关于Web3的三个核心问题——"what"、"how"和"why"——进行展开讲解。

第一部分通过角色设定引入Web3的场景，追溯Web的科技发展史让读者初步感受什么是Web3，Web3能做什么，以及Web3是怎么来的，由此深入理解Web3的生态层级分布；第二部分从普通人和创业投资两个角度阐释如何参与Web3，如何通过Web3来重构工作与生活；第三部分则着重分享Web3不太为人所知的一面，读者能够更加立体地理解为什么Web3如此重要、为什么Web3会充满争议与机会。

本书内容层层递进，通俗易懂，能够让读者全方位理解Web3。为提升阅读体验，特设置了"名词速查""要点速览""注意"等小互动，力求言之有物、读后有感。

本书内容的贡献者有张世磊、阿钟来了、焦波、莫默、刘来民、小糖蒜、Band、Asu、葛宇婷、胡鸣略、Shihao、郑郑、Miss vivi、John Dong、币圈十三妹、Jocy、Ray，参与插图设计的人员有程泽辉、余明阳、Dada，感谢大家在本书的编写过程中提供资料整理、方案思路、插图绘制等工作。

完成一本书是困难的，好在有无数的朋友给予了莫大支持。我要特别感谢北京大学出版社的魏雪萍主任从策划开始给予了我们最专业的指导和建议；感谢我的太太潘点点，始终信任并支持我的工作；感谢我们的好朋友大硕、巧儿、温虾米等无私授权

NFT 供我们创作图书插画；感谢 Creator DAO、Gitcoin DAO、稳赢加密湾、8848、Kek Labs、W+、aWSB 等 Web3 社区的支持；感谢链捕手、链闻、律动、星球日报 PANews 等媒体的支持；更需要感谢的，是正在阅读的你们，感谢你们选择这本书，给予我们关注与包容。

虚拟现实构成的所谓元宇宙，在更大的维度上是 Web3 构建的那个"未来"，DAO 是组织模式、DID 是个体模式、NFT 是资产模式……Web3 正在发生，它不再是少数极客的玩具，它已经开始切实影响、改变着人们的生活。

Web3 的每一天，都是崭新的一天。在这个时候撰写这本书，必定有诸多不足，还请亲爱的读者见谅，所有章节内容权当抛砖引玉，希望本书可以带你开启 Web3 的大门，助你在当下的阅读中能够决胜千里。

本书所涉及的资源已上传至百度网盘，读者可以关注封底的"博雅读书社"微信公众号，找到资源下载栏目，并输入图书 77 页的资源下载码，即可获取。

对 Web3 感兴趣的读者，可以关注微信公众号"外部山"获得持续更新与互动。

Anymose

2022 年 11 月于上海

# 目录

## 01 第1章 初体验 Web3 时代之

**1.1** Web3 时代的个人生活 / 002

**1.2** 公司组织在 Web3 里的变革 / 008
- 公司的下一站是 DAO / 009
- 没有老板的奇怪公司 / 011
- 自由无序生长的业务 / 013

**1.3** 社会组织在 Web3 里的运转 / 015
- 身份的迷思 / 016
- 个体身份 / 018
- 声誉身份 / 018
- 交易身份 / 019
- 权益身份 / 019
- 无央社会的数字表达 / 019

**1.4** 打开 Web3 世界的大门 / 021
- Web3 的核心原则 / 023
- Web3 发展的限制 / 024

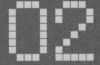

## 第 2 章 Web3 的前世今生

**2.1** Web 发展简史 / 027

- 在线图书馆开启 Web 1.0 / 027
- UGC 大行其道的 Web 2.0 / 032
- 无须许可与信任的 Web3 / 035

**2.2** Web3 的进化路径 / 038

- 技术范式的演变 / 038
- 交互方式的变化 / 042
- 信息类型的迭代 / 048
- 组织结构的创新 / 051

**2.3** Web3 的核心理念 / 056

- 去中心化 / 057
- 原生支付 / 060
- 无须许可 / 061
- 无须信任 / 063

# 第 3 章 深入理解 Web3

**3.1** 当前互联网的架构与问题 / 067

**3.2** Web3 的 dApp 架构 / 069

- 状态机 / 070
- 智能合约 / 070

**3.3** 技术视角下 Web3 的四个层级 / 071

- 系统协议层 / 071
- 基础设施层——Web3 的"水、电、煤" / 078
- 用户用例层——Web3 的市井烟火 / 096
- 系统接入层——Web3 的任意门 / 106

# 第 4 章 零基础参与 Web3

**4.1** 人人皆可参与 Web3 / 115

**4.2** 如何经营自己的 Web3 身份 / 117
- 创建数字身份 / 117
- 加入一个 DAO / 120

**4.3** 如何在 Web3 快速学习 / 125

**4.4** 如何在 Web3 中赚钱 / 127
- Web3 创业方向如何选 / 127
- Web3 的四大工作平台 / 132
- 揭秘 Web3 赚钱的四个新思路 / 135

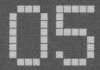

## 第 5 章　Web3 创投视角下的

**5.1** Web3 开启创投新战场　/　**142**

　　○ 抢滩登陆 Web3 的资本巨鳄　/　142
　　○ 揭秘 Web3 投资底层逻辑　/　148

**5.2** Web3 投资赛道分析　/　**152**

　　○ Web3 投资的四个赛道　/　152
　　○ Web 2.0 和 Web3 竞品对比分析　/　158
　　○ Web3 世界的华人之光　/　165

**5.3** 预见 Web3 投资新范式　/　**173**

　　○ 新投资范式落地生根　/　173
　　○ 起底 Venture DAO 颠覆式创新　/　176

# 第 6 章 Web3 的另一面

**6.1** 争议与悖论 / 181
- 新的垄断正在萌芽 / 182
- 抗审查与属地政策 / 185
- 黑客的提款机 / 187

**6.2** 绿药丸与第三条路 / 188
- Web3 正在进入公共领域 / 189
- Web3 公共产品的天堂 / 190

**6.3** 公益事业新力量 / 192
- Web3 公益事业的新逻辑 / 192
- 碳交易、女性权利与营养安全 / 194
- CC0 的艺术新秩序 / 197

**6.4** Web3 的未来展望 / 198
- 底层技术的完善 / 199
- 用户人群的普及 / 200
- 监管和谐共生 / 201
- 跨文化的合作 / 203
- 科学技术服务于人 / 204

本书讨论时提及的所有项目、通证、模式均为技术性、学术性讨论，仅代表作者本人观点，不代表任何投资建议。2013年中国人民银行等五部委发布了《关于防范比特币风险的通知》，明确界定了"加密数字货币为虚拟商品，不具有与货币同等的法律地位，不能且不应该作为货币在市场上流通使用"，请所有读者自觉遵守当地法律法规政策。

— 第 1 章 —

# Web3 时代之初体验

"历史和社会不会爬行,它们会跳跃。它们从一个断层跃上另一个断层,中间只有很少的摇摆。"《黑天鹅》里的这句台词非常形象地描绘了新生事物的演化形态,Web3 并非横空出世的概念,它特指建立在区块链基础上的去中心化网络及由此衍生的整个生态系统。它沿着近百年科技发展的脉络不断修正、迭代、进化,在某个偶然条件的触发下,突然跳上了一个新的高度,对个体、组织乃至社会都产生了深远的影响。

# 1.1 Web3 时代的个人生活

这并不是科幻小说里的情节，Web3 已经在交错迭代的平行世界里真实发生了。这是一场波澜壮阔的大变革，无论是主动还是被动，每个人都会被卷入其中。我们不妨观察一下魏波这个典型的"Web3 人"的一天，以此管中窥豹，快速感受 Web3 时代个人到底可以体验到什么。

## 07：00

魏波在闹钟声里醒来。

他看了一眼智能手表上的睡眠、心率、血压等数据，几个触摸操作就生成了新一天的健康报告。这些报告就在刚刚被传输到了去中心化的加密数据平台——一个由个人数字钱包身份控制的健康追踪服务，正在帮助更多人安全、高效地管控个人健康隐私数据，这些数据经过加密处理后通过智能合约（Smart Contract，它允许在没有第三方的情况下进行可信交易，这些交易可追踪且不可逆转。智能合约的目的是提供优于传统合约的安全方法，并减少与合约相关的其他交易成本）与第三方健康服务完成对接。

这一切都是在魏波百分之百的控制之下发生的，因为这个数据平台不属于任何一个公司或组织，没有其他人可以占有、篡改或未经授权便使用数据。数据持有者可以在公开透明环境查看和管理授权，从而真正将数据完整地控制在自己手里。

## 08:00

早晨的锻炼要开始了。

魏波一直在使用一款 Web3 的跑步软件，这款软件可以将跑步、散步等运动消耗的卡路里转变成可流通的游戏币。使用游戏币可以购买、使用游戏里的道具，这是整个经济模型的核心功能。在开跑之前，他把前一天刚"生"的鞋子——两双鞋子合并生成了新的盲盒，并挂到市场上售卖，由于行情不错，很快就成交了。

30 分钟的慢跑，魏波收获了 65 个游戏币，他将所有游戏币转出到数字钱包并进行兑换。这时路过他喜爱的咖啡店，正好来一杯馥芮白，一切都很完美，因为这里支持数字货币钱包支付。

运动消耗的卡路里可以转换为购买咖啡的通证

## 09:30

洛杉矶时间晚上 7 点，团队正在等待魏波参加一场社区会议。

参加会议的人来自全世界各地，拥有不同的语言和不同的肤色，但相同的是他们都是这个项目通证的持有者，有通证就意味着有治理权。你可以自己行使权利，也可以委托给自己信任的人，魏波就是社区里被大家尊重、信任的人之一，所以他需要代表一部分会员做出提案的关键陈述。

这是一个去中心化的 Web3 项目，没有老板，没有员工，没有固定办公场所，也没有五险一金，甚至没有严格限定的工作内容，一切都围绕社区的提案、投票进行治理。

魏波的工作是负责收集社区的提议并最终草拟提案以备社区投票使用，他没有领导也没有下属，只有小组的组员。他们之间通过协作软件工作，所有人的工作会自动、公开、透明地记录并存储在区块链上，任何人都可以查看。根据社区初始的规则，这

些工作数据会被自动转换为"工资",每周通过基金会多个钱包签名持有者共同签署后,由智能合约自动发放至每个参与项目者的数字钱包里。

## 11:00

进入学习时间。

魏波最近正在学习编程和区块链(区块链,是一种安全、共享的去中心化的数据账本。区块链技术支持一组特定的参与方共享数据。借助区块链云服务,可以轻松收集、集成和共享多个来源的交易数据)基础技能,奇怪的是他不需要上课、没有老师、没有课本,甚至没有固定时间……就是这样的"学习"还能让他每天赚取 500~1000 元人民币的奖学金!他是怎么做到的呢?

通过加入编程社区,魏波可以在了解基础文档信息后利用闯关游戏进行测验,如果测验通过,就会获得 NFT(Non-Fungible Token,非同质化通证,实质是区块链网络里具有唯一性特点的可信数字权益凭证,是一种可在区块链上记录和处理多维、复杂属性的数据对象)勋章和通证(这里指具有流通性、可交易的数字通证)奖励,这些都是资产,可以被交易、转移或者消费。

在另外一个区块链技能项目上,不同的项目方提供了不同的学习任务,完成一个任务就会获得一个技能积分。积分可以晋升等级,不同的等级会发放不同的 NFT。这样一看,魏波并没有立即获得收益,但项目的路线图已经表明,在未来某个时间点会对持有不同等级 NFT 的用户进行通证奖励,这种情况被称作"空投"。

魏波发现社区有很多中文用户,他们在学习过程中会遇到很多技术问题、语言障碍,于是他主动向项目方提议建立中文频道,大家组成学习小组、共同进步。项目方很快同意了他的提议,并给予了他中文社区大使的身份,鼓励中文社区自由发展。魏波发现社区中已经有 20 多个来自全世界不同种语言的社区大使,他们在不同的频道组织讨论、翻译、招募,一切都围绕着学习任务自发组织。

## 13：00

短暂的午餐过后，魏波决定玩会游戏来放松一下。

他最近沉迷于一款通过收集、养成宠物进行战斗的集换式卡牌游戏。精美的游戏画面、引人入胜的游戏设置等都不是吸引玩家的主要因素——赚钱才是！在疫情期间，东南亚有很多人断了收入，他们迫切需要可以维持生计的事情，于是这款边玩边赚钱的游戏就成了当地很多人赖以生存的收入来源。据数据统计，这款游戏已经在东南亚十几个国家带动了几十万人另类"就业"，通过游戏获得的收入甚至超过了疫情之前的传统工作带来的收入。

相比于赚钱，魏波更沉迷于游戏的经济模型设计和社区建设——这可能是出于他的职业病。这款游戏可以通过对战奖励、合成并出售道具、买卖游戏通证等多种方式赚钱，而且精妙地设置了双重通证结构，把游戏和治理权益分开了。在项目方的规划中，最终游戏将完全由玩家持有，开发团队会逐步失去控制权。也就是说，将来游戏怎么做都要听取玩家的意见，原有的团队会转变成服务者之一。更重要的是，游戏所有的收益都将为社区控制，在极端情况下，社区可以投票将所有资产瓜分掉，但更多的可能是群策群力，一起建设好游戏。

## 14：00

开始写作。

魏波在一个 Web3 的内容平台持续写作了半年，他在这里不仅收获了大量的"粉丝"，同时也获得了丰厚的回报。在这里写作，所有的内容都会被存储在去中心化（数据以加密方式存储在没有中心化节点控制的区块链网络上）的区块链上，没有人可以删除、篡改或冒名抄袭，完全的公开化反而让内容创作更加自由。

今天他要完成一个长篇大作，为刚玩的游戏提供一份详细的攻略教程。因为工作量巨大，魏波在游戏的社区招募到了几位小伙伴分工协作。经过充分讨论，小组一致决定为教程筹集资金以支持长期的研究和内容输出。

在这个平台上，任何人都可以使用"资金筹集"功能为一个想法或项目筹集资金。

这是一个以太坊的智能合约，支持者存入虚拟货币（欧洲银行业管理局将虚拟货币定义为：价值的数字化表示，不由央行或当局发行，也不与法币挂钩，但由于被公众所接受，因此可作为支付手段，也可以电子形式转移、存储或交易）资助你的想法，同时可以换取一个凭证，代表他在你项目里所拥有的权益。如果你的想法或项目有任何约定的回报产生，它们会自动被分发给支持者们。

魏波为这个教程设置了 3 个级别的资助标准，不同等级可以获得不同数量的凭证，他们约定将所有内容录制成 20 集的付费视频课程，所有收入将会分配给支持者。小组成员随后在社区进行宣传推广，很快就有十几个人参与了众筹，这些资金会被自动发送到项目小组设置的公共钱包里，资金的任何操作都需要多个成员签名才能成功。

## 16：00

周四，公益日。

魏波是一个公益支持者，在 Web3 世界，他也加入了多个基于区块链技术的公益项目，今天下午的主要工作是参与一个保护海洋的垃圾清理工作。这是一个由全球海洋保护者组成的公益性组织，不同于过去的模式，这个项目利用 Web3 的组织管理模型重新设计了运营机制，可以更加透明、持续、快捷地链接全球的资源，为环保事业的长久打好基础。

成员聚集完毕后，每个人通过自己的数字钱包进行签名后登录系统，领取初始能量。能量会根据每个人的贡献度来发放，而这些能量决定了每个人在社区的决策权益。魏波跟着其他成员一起沿着海岸线清理海洋垃圾，在这个周四，全球大约有 9000 人在世界各地进行着同样的活动，他们的行为会被记录、同步在区块链上，构成个人 Web3 信用体系的一部分。

## 20：00

派对开始了。

很多人无法理解魏波为什么会花 15 万元人民币买一个被称为 NFT 的图片当头像，

这一定是疯了！明明到处都可以下载，为什么要花那么多钱去买呢？今晚，魏波头像所在的这个社区的成员会有一个小型的线下聚会，持有这类头像的人才有资格参与进来。那么如何鉴别呢？其实非常简单，在入口处你需要使用数字钱包扫码校验，如果你的钱包里持有这个NFT，你就会获得准入资格，这些数据都是公开存储在区块链上的。如果你只是下载了一个图片当头像，就好像是拿着假机票要进入头等舱休息室一样——行不通。

NFT头像除了可以验证身份，还具有一定的社交属性。魏波更看重的是持有这个NFT头像的人都具有高度相似的属性，他们热爱潮流、电子音乐、游戏、宠物，热衷公益，并且拥有良好的教育、经济背景。所以在他的理解里，15万元人民币买一个图片就跟在现实世界买车、买表是一样的道理，只不过在数字世界里，人需要一个更加直观，更加容易被识别、定位的身份标签，而头像就是最好的选择。

人以群分，物以类聚，持有某个NFT头像代表了你属于某一类人，同时你也在数字世界里正式进入了这个圈子，可以享受圈子带来的所有福利，如今晚的派对。当然，你也具有了共同建设圈子的权利。

## 23：00

决策时刻。

收菜，是区块链金融行业从业者使用的一个俚语，意思是收取质押在平台的部分收益。每天的这个时候，魏波都会穿梭在几个常用的应用之间，完成一些资产的质押、兑换、跨链、提供流动性等操作。通常这些操作被称为DeFi（Decentralized Finance，去中心化金融，是加密金融体系的一种模式。DeFi是通过运用数字通证和智能合约在区块链上提供交易、借贷和投资等金融服务，但不依托于任何中心化的金融机构、中介或交易场所）的手段，它可以让魏波等人的数字资产不断增值并取得在对应社区的投票治理权。

今晚有个重要的投票即将产生结果。很难想象，一个金融产品的利息调整权力掌握在所有质押者手中而不是项目方手中！社区有个提议：将利息提升0.05%，这部分

新增的资金,大部分需要从项目方的手续费收入里提取。这个提议经过长达一个月的争论、权衡、投票,今天终于要有结果了。

魏波一直在关注这个投票,从长远来看他是不支持的。因为这种决策一旦实施,就会在一定程度上削弱当前团队的积极性。所有人的投票权重是由质押持有的代币数量乘以个体权重决定的,社区可以左右项目的发展。

投票是在区块链上进行的,所有人的投票都公开可见,投票的结果链接着自动执行的合约程序,而合约程序同样是运行在区块链上的,代码都是经过审计并接受社区监督的。

**24:00**

该停下来休息了,又是拥抱 Web3 入眠的一天。

## 公司组织在 Web3 里的变革

Web3 对公司组织的影响是深远的。去中心化的 Web3 技术第一次让公司的组织架构、管理模型、业务流程都发生了巨大的变化。没有中心化的驱动力、没有老板甚至没有具体的业务目标,这样的公司能做好吗?

## 公司的下一站是 DAO

Gitcoin 创始人 Kevin Owocki 在论坛里敲下了这样的标题"It's Time To Decentralize Gitcoin"（是时候把 Gitcoin 去中心化了），这标志着 Gitcoin（Gitcoin 于 2017 年 11 月推出，是以太坊生态系统内公共产品项目的众筹平台，它利用一种新的、独特的方式民主地分配资金）正式掀开了一场影响深远的组织结构变革——从传统的互联网科技公司向 DAO（Decentralized Autonomous Organization，去中心化自治组织）的转变。DAO 是基于区块链核心思想理念（由达成同一个共识的群体自发产生的共创、共建、共治、共享的协同行为）衍生出来的一种组织形态。

Gitcoin 是区块链世界里一个较大的公共产品（Public Goods）平台，它致力于服务开发者，帮助他们为开源产品募集资金、寻找赏金工作，以及提供广泛的社区支持。

在 Web3 世界里，Gitcoin 被称为"以太坊的军火库"。

Gitcoin 平台每个季度会发起一次捐赠活动，开发者可以提交自己的开源、公共产品或服务，来自全世界各地的支持者会捐款活动给自己感兴趣的项目，帮助他们在项目还处于非常早期的时候更好地发展。Gitcoin 会根据支持者的捐赠额度，利用一个叫作"二次方捐赠"的机制，额外给被捐赠项目匹配更多的资金支持。这些匹配的资金全部是来自不同生态系统的合作伙伴的捐款，如以太坊基金会、Polygon、ENS、MASK 的捐款等。以太坊（Ethereum）是一个开源的有智能合约功能的公共区块链平台，通过其专用加密货币以太币（Ether，简称"ETH"）提供去中心化的以太虚拟机（Ethereum Virtual Machine，EVM）来处理点对点合约。以太坊基金会于 2014 年 6 月在瑞士注册成立，这是一家非营利机构，旨在管理以太币销售中筹措的基金，以更好地为以太坊和去中心化技术生态系统服务。Polygon 是一个扩展性平台，实现快速、简单和安全的链下交易，不仅可以支付交易，还可以实现广义的脱链智能合约。ENS（Ethereum Name Service），中文名字叫"以太坊域名服务"，它是一个基于以太坊区块链的可扩展的、分布式和开放式命名系统，主要服务于人类可读的映射名称。MASK

（Mask Network）是一个帮助用户从 Web2.0 无缝过渡到 Web3 的门户，它允许用户在传统社交巨头的平台上，无缝发送加密信息、加密货币，甚至是去中心化应用，如 DeFi、NFT 和 DAO 等。它们大多是从 Gitcoin "毕业"的，在这里它们得到过捐赠，发展壮大后又反过来回馈社区。

从 2017 年开始，Gitcoin 平台已经举办了 15 次捐赠活动，为 2800 多个公共产品提供了 6500 万美元的无偿捐助。这里包括了 280 万人次的普通用户捐赠，平均捐款额是 15.95 美元。

正是这样一个稍微"特殊"的公司，在经历几年的发展后决定做出一些改变：他们把公司变成了一个没有老板、没有办公室，甚至是没有具体业务的奇怪组织——Gitcoin DAO。这听上去太不可思议了！没有老板如何管理业务？没有办公场地，员工如何沟通和工作？没有具体业务……这就更不能理解了，这还是一个公司吗？这也太混乱了吧！

事实上 Gitcoin 并没有乱掉，甚至进入了自成立以来发展最快的黄金时期。这一系列改变的底层原因和逻辑来自"使命驱动"的核心思考。

Kevin Owocki 在帖子里把 Gitcoin 的使命总结为"建立和资助数字公共产品，让开发者社区连接起来，共同创造开放网络的未来"。为了践行"使命驱动"，Gitcoin 决定把公司交给社区去管理，只有这样才能保证这一使命可以长期地、公平地、可持续地执行下去。

如果还停留在旧的公司制模式，那么势必会以追求利润为目标，服务社区将很快演变成服务客户，社区的开发者（行为和数据）就是赚钱的工具。比如，Facebook（脸书，现已更名为 Meta）、Google（谷歌）这样的互联网巨头，它们确实为用户提供了社交、搜索服务，但实际上这只是它们运营的手段，而不是目的。它们对用户的所有网络行为数据进行收集、分析，建立用户画像，这样就可以为广告主提供更加精准的营销服务。在本质上，绝大部分的互联网公司只是广告营销公司，用户就是它们的产品。

如何真正服务用户？最直白的答案是：把"公司"交给社区来管理，把收益全部分配给用户，管理团队退到幕后，完全根据社区提议进行服务性工作。这并不是柏拉图的理想国,实际上,它正在全世界范围内如星星之火般落地生根。

因为 Gitcoin 深刻认识到了只有去中心化的组织变革才能实现其核心使命——服务社区,所以 Gitcoin 决定将自己交给社区去治理。通过对公司组织架构、工作协作流程、业务开发等综合性治理的全面去中心化,Gitcoin 探索出了一条日趋成熟的治理之路——Gitcoin DAO,这是服务社区的同时又依赖于社区的一种新型组织模式。

DAO 是一个更好地完成 Gitcoin 的使命的方式,即创建和资助数字公共产品。数字公共产品本质上是一种全球协作的生态,而一家位于特定司法管辖区并专注于特定法律系统的公司并不具备承担这种全球使命的条件,DAO 不以任何特定的行为者群体为导向,所以会是更好的选择。

相较于以往的公司,DAO 可以更好、更快地做更多事情。通过利用全球劳动力,DAO 可以从任何地方吸引人才。在一个网络化的时代,DAO 其实是一个比等级森严的公司更好、更快、更丰富的人力组织系统。通过创建任何人都可以不受限制的共同协议,DAO 可以实现以前不可能实现的创新。

## 没有老板的奇怪公司

魏波就是在 Gitcoin DAO 工作的,他和来自全世界 30 多个国家的 200 多人一起为公共产品社区服务。事实上他们在现实世界里从未谋面,只是在每周数不清的 Zoom(Zoom 是一款多人视频会议软件,可为用户提供兼备高清视频会议与移动网络会议功能的免费云视频通话服务)会议里才能见到彼此,但这并不妨碍他们在"使命驱动"的核心理念的指引下协同作业。

Gitcoin 组织变革的第一步,就是将所有的员工转移到 DAO 组织,为此 Gitcoin 重新注册了一个法人主体,仅用来处理 DAO 成员的税务相关问题,而旧的公司主体只作为法律归属存在。把所有人转移到新的组织架构里来,就意味着没有了上下级关系,没有了老板、总监和经理,所有人都成了"贡献者"。在 Gitcoin DAO 里,所有角色都被扁平化,并完全由社区贡献值来决定。

在新的组织架构下，Gitcoin DAO 简化了人员的结构，使用了 Steward（管家）、Delegator（代表）、Contributor（贡献者）三个角色就覆盖到了所有的角色职能。根据不同的业务类型，所有人被划分为几个不同的工作小组。比如，魏波的角色是 Contributor，他所在的工作小组叫作 DAO Ops Support，这是一个专门为社区用户提供技术支持的小组。

## 1. Steward（管家）

管家是一群自愿为社区服务的社区成员，他们可以行使社区委托的投票权，领导主要的工作小组，管控工作流程。

成为一名管家并参与管家的工作很容易。任何希望成为管家的人都可以在 Gitcoin 的治理论坛发起帖子进行报名申请，论述他们为什么认为自己很适合为公共利益服务并且成为一个管理者。所有的社区成员在查看完申请后，可以决定是否将自己的投票权委托给某个管家。如果某个人拥有足够多的委托，那么他就具备了成为管家的基本资格。

管家每月开会讨论、审查，并提供关于工作流进展和社区内提案的反馈。社区内还有一个由 DAO 中参与度较高的管家组成的管家委员会，每年会召开两次会议。Gitcoin DAO 的管家们通过他们在治理和工作流中的工作，为推动 Gitcoin 生态系统的发展发挥了重要作用。为了提高透明度，Gitcoin DAO 创建了一个叫作"Steward Health Cards"（管家活跃卡）的卡片，管家委员会的所有成员都会有详细的参与度数据被记录。

## 2. Delegator（代表）

Gitcoin 社区有上百万用户，如果所有人或大部分人要参与到管理工作中，那显然是不现实的，所以产生了一个基本的治理模式，就是委托投票。Delegator（代表）是指持有 Gitoin 的社区治理通证 GTC 但希望依靠管家为其行使投票权的社区成员，他们将自己的投票权委托给管家。

每个人都可以通过工具把自己的投票权委托给任意管家，这种委托有助于管家更有效率地管理社区。为了确保社区的想法和意见在投票中得到体现，委托授权可以在任何时候被改变或撤销。

### 3. Contributor（贡献者）

贡献者是社区内的活跃成员，他们将自己的时间、才能和专业知识贡献给一个或多个工作小组，帮助小组实现其业务目标。

Gitcoin DAO 里有很多已经形成规模的工作小组，每个工作小组都有自己的组织架构、工作目标、协作机制和流程。以魏波所在的 DAO Ops Support 为例，该小组由一个管家负责管理，小组划分为用户支持、本地化翻译、文档更新等更小规模的工作组。魏波是用户支持组的贡献者，他的工作就是和管家合作，为社区提供技术支持，同时将一些提议整理更新后提供给文档更新小组。

像魏波所在的 DAO Ops Support 这样的工作小组，在 Gitcoin DAO 里还有很多，Gitcoin DAO 或管家委员会并不会限制任何一个新的业务工作小组诞生，一切都源于社区的投票结果。当然，必须符合 Gitcoin 的核心价值观——服务开发者。

## 自由无序生长的业务

真正激活组织创新力的源动力在于去中心化的治理结构。从人力资源角度来看，Gitcoin DAO 是一个聚合器，聚集了一群为实现统一使命而相互协作的人；从产品的角度来看，他们正在建立一套 Web3 时代的人力资本和团队文化协作的工具包；从项目治理的角度来看，他们是由治理通证 GTC 管理驱动的新型组织结构，Gitcoin 正逐步从一个传统网络科技公司去中心化为一个 DAO。

Gitcoin DAO 以季度为单位进行运作，因为每个季度的 Gitcoin 捐款活动是他们的核心产品。每个季度，Gitcoin 生态系统都会围绕捐款来统筹安排其他关联的业务，通过向社区部署数百万美元的资金来实现 DAO 的使命，比如，黑客松开发者大赛、Kernel 学院孵化器、赏金项目、治理分配等。

> 通常情况下,一个季度是这样安排的:
> (1)计划季度活动;
> (2)执行季度活动;
> (3)从季度活动中复盘学习;
> (4)重复进行。

和 DAO 产生连接主要通过三个主要的渠道,分别是即时讨论组软件 Discord(Discord,是一款群组聊天软件,最早是游戏玩家的沟通平台,现已成为 Web3 项目的首选交流平台)、话题讨论论坛及即时消息平台 Twitter(推特)。管家在所有的渠道都起到关键性的连接作用,包括连接代表、贡献者和社区所有成员。他们会被分配在不同的工作小组,每个小组独立运营、独立考核又相互协作,并且每个季度会召开一次大会来部署本季工作,这种小组的工作被称为"工作流"。

工作流是 DAO 中组织工作的方式,每个工作流都有自己的预算、人员、工具和流程。任何人都可以按照建议程序提议新建一个工作流,目前活跃的工作流小组如下。

- Moonshot Collective:DAO 的快速原型设计小组。
- Public Goods:专注于资助公共产品使命的小组。
- Fraud Detection & Defense:负责预防 Gitcoin 捐款欺诈的小组。
- Decentralize-gitcoin:Gitcoin 逐步去中心化的机制制定小组。
- Memes, Merch, & Marketing:DAO 的营销小组。
- dCompass:构建 DAO 原生导向工具的小组。

每个周五的晚上,魏波都会在 Zoom 准时参加小组会议,他的"同事"来自德国、荷兰、尼日利亚、美国、新西兰等十几个国家和地区,他们分别负责不同时区的用户支持工作。实际上,他们都是兼职。会议由一个管家主持,他们会提前在工作协作软件 Notion 上把各自的工作梳理清楚,将会议日程设置好。

所有要做的工作都是在一个更加宏大的使命行为框架下开展的,每个人在做好自己工作的基础上,还可以提出任何新想法留到讨论环节讨论。他们的工作都会被一个跟踪软件记录,代表了他们付出的劳动,最终还需要加入一个成员互评的环节,每周他们可以获得 Gitcoin 的治理通证（治理通证允许持有者对区块链项目的方向进行投票，主要目的是分散决策权，并让持有者对项目的运行方式持有发言权）作为工作奖励。

Gitcoin DAO 也有 KPI，但只有两个文字性的描述："更多扩张""更去中心化"。Gitcoin DAO 围绕核心产品"公共产品捐赠"衍生出了许多新的业务，这些业务都是在去中心化的 DAO 里自由生长出来的，而非某个"领导"拍脑袋想到的。

每个季度都会有大量的早期项目被提交到 Gitcoin，希望得到捐款。其实它们不仅仅需要捐款，也需要寻找到合作伙伴、开发者或者是更多的用户支持。Kernel 就是在这样的背景下，从 Gitcoin DAO 生长出来的一个全新业务。

Kernel 是一个为想要进入 Web3 世界的人定制的人际网络学习社区。Kernel 正在建立一个开放的、点对点的、由诸多 Web3 杰出人物组成的学习网络。每次活动仅开放一个"区块"，这是区块链里流行的概念，可以理解为一期学员。每个区块可容纳 250 人，活动一共持续 8 周。Kernel 不是简单的灌输信息式的课程教学，而是通过反复互动、慢慢建立起个人网络所需的各种品质模式。这些品质模式包括谦逊、果断、谨慎、洞察、同情、批评、理性和互惠等。

## 1.3 社会组织在 Web3 里的运转

爱因斯坦曾说过，"人类的组织能力未能跟上技术进步的步伐，这就等于把剃刀交

到了一个 3 岁孩子的手里一样危险"。现有的组织、治理形态已经无法适配突飞猛进的区块链,尤其是以 Web3 为代表的新一代技术。无央社会的提出为我们提供了一个全新的未来视角。

## 身份的迷思

在门户繁荣的 Web 1.0(Web 1.0 是个人电脑时代的互联网,用户利用 Web 浏览器通过门户网站单向获取内容,主要进行浏览、搜索等操作。用户只是被动接收内容,没有互动体验)时代,用户的身份是由电子邮件绑定的,注册、登录一个网址需要使用电子邮箱,另外还需要输入性别、年龄、地区、教育、爱好等资料,目的是让网站识别每一个用户。在不同的网站需要注册不同的账户,所有的资料又需要重新输入一遍。

社交网络兴起后成了个人身份和关系的聚合器,在微博、微信的体系内,我们已经通过社交积累了足够的身份画像资料,所以,在 Web 2.0(Web 2.0,是由用户主导生成的内容互联网产品模式,用户可以与网站双向接收内容,进行社交互动)时代,我们可以使用微博登录、Facebook 登录、微信登录等。使用其中一个授权登录就可以获得我们基本的身份资料与社交关系,判断我们的个人属性,从而为我们提供更精准的服务。

Web3 与 Web 1.0、Web 2.0 虽然同样是网络服务,但 Web 1.0 和 Web 2.0 的身份体系更多关注的是作为自然人的社会属性。也就是说,仅仅解决了"我是谁"的问题,这个问题只关注"身份"而忽略了"价值"。在 Web3 世界里,个人身份被抽象为一个钱包地址,因为 Web3 主要围绕金融化和可转让资产展开,所以我们讨论 Web3 社会的时候也一样从这个视角出发。在马克思看来,"人的本质不是单个人所固有的抽象物,在其现实性上,它是一切社会关系的总和",这里的社会关系总和就包括了金融和价值属性,Web3 的身份正是补充了之前缺失的这部分属性。

用户在 Web3 中的身份被称为 DID 去中心化身份。DID 全称为 Decentralized IDentity，是一种新类型的标识符，具有全局唯一性、高可用性、可解析性和加密可验证性。DID 通常与加密材料 ( 如公钥 ) 和服务端点相关联，以建立安全的通信信道。DID 去中心化身份并不是真实世界里简单的"身份映射"，它更像是从 Web 1.0、Web 2.0 时代的"网络账户"演变而来的一整套关系和价值的总和。正如之前所述，在 Web3 世界里，我们只需要一个钱包就可以穿梭登录不同的应用和服务，因此从狭义上来说，DID 就是 Web3 世界的"账户"，只不过更强调去中心化及隐私的控制。因为在区块链的网络结构里，我们的身份数据不再被任何一家公司或者服务器所控制，所有的数据调取都需要经过我们的授权同意。

随着元宇宙的不断发展，关于人在虚拟世界的想象空间被不断打开，DID 第一次拥有了从"账户"到"虚拟人格"演进的机会。在 Web3 世界里，拥有去中心化的身份必须完成围绕 DID 的信用体系、声誉体系的建设。以太坊创始人 Vitalik Buterin 在论文 Decentralized Society: Finding Web3's Soul 里把 DID 升级到了社会组织形态，初步描绘了 Web3 世界里的身份体系全景图。

在 Web3 中，通过数字钱包可以记录、呈现一个人在 Web3 世界的完整信息。"我们的核心元组件是持有公开可见、不可转让（但可由发行者撤销的）的代币的账户或钱包。我们将这些账户称为'灵魂'（Soul），将账户持有的代币称为灵魂币（SoulBound Token，SBT）即灵魂绑定通证，是和我们的钱包（账户）绑定的不可转让的代币。任何线上线下的机构或个人都可以给一个钱包发放 SBT。"在 Vitalik 的构想里，通过钱包和钱包里的代币可以映射各种关系，这些关系可能是一次交易记录、一个教育资格证书、一段工作经历、一次出席会议的证明、一次就医记录、一个足球俱乐部会员卡、一个艺术品收藏……很简单，SBT 可以把现实世界里的各种行为通过你的专属钱包进行交互，并同步到区块链上。

基于 Web3 的特性，"身份"具有了超越个体的多重混合属性，在谈到 Web3 身份的种类时，必须考虑到链上的交互行为，以及这些行为与链下某种实体的对照关系。举例来说，Web3 的医疗服务需要将区块链上的身份信息和现实世界的人的身份相绑定，

因此，在区块链上可以存储、查询特定身份的授权公开信息，但这种身份检索必须验证并关联一个具体的社会人（现实世界中的人）。

## 个体身份

个体身份是表明人格的基础属性，可用于法律合规的隐私数据交换等，个体身份主要通过生物学或法律验证获得。

例如，Bright ID 是基于社会关系和社区成员身份创建的一套开源身份验证机制。用户需要参加一个视频会议，由审核人员进行一对一的视频问答来确认账户，同时用户需要有至少三个已验证的社区成员帮助验证。Bright ID 将身份信息与其他应用连接，用户可以自主控制访问权限，从而达到登录或验证的目的。

## 声誉身份

声誉身份表明用户的声誉属性，可用于贡献者的素质或资历的验证。声誉身份主要通过各种链上的成就系统进行记录、追踪和评估。

POAP（Proof of Attendance Protocol，出席证明协议）是一个被广泛使用的 Web3 应用，它是一种区块链上的出席证明，是一种保存生活经历的新方式。每次参加活动，POAP 收集者都会得到一个独特的徽章，这些徽章是非同质化通证，可以在用户的"灵魂"（钱包）中被"绑定"（SoulBound），用于存储、展示、验证。

如果一个项目需要挑选早期的支持者给予奖励，那么 POAP 就是一个非常好的工具。通过 POAP 可以筛选出参与过之前活动的活跃用户，这些活跃用户在项目上贡献了一定的时间、能力，在系统内是具有一定的声誉且被证明记录在区块链上的优质用户。

## 交易身份

交易身份是表明用户金融价值的属性,可用于资产评估、交易风险判断。交易身份主要通过钱包地址的历史交易数据进行数据挖掘得出。

RociFi 是一套多链信用评分系统,它可以提供去中心化的、不可转让的、区块链原生的信用评分,并利用链上数据、机器学习和贷款风险管理有效提升贷款效率及安全性。抵押不足是去中心化金融面临的主要难题,因为缺乏一套完整的链上信用体系,所以目前通用的解决方案是超额抵押,但这样严重降低了资金效率。

通过分析借款人的钱包在多链上的历史行为,RociFi 会生成一个非同质化信用评分(Non-Fungible Credit Score,NFCS),分数表示从 1 到 10,1 是信用最低,风险最低,10 是信用最高,风险最高。NFCS 是"绑定"(SoulBound)到用户"灵魂"(钱包)的,唯一且不可转让。用户如果违约,将会被标记并降低信用分。

## 权益身份

权益身份是表明用户资格权益的属性,可用于社区及游戏等权益等级筛选。权益身份主要通过持有某种资产而被标记。

Unlock-Protocol 是权益身份的代表,允许开发者基于 NFT 协议来为自己的会员创建资格卡,通过区块链授权控制用户权限,分层管理用户,可以广泛用于付费出版、软件许可、私密通信等领域。

## 无央社会的数字表达

社会是由人作为基本单位构成的,在 Web3 时代,社会组织也跟随着个体身份的"进化"而发生了巨大的变化。Web3 的先锋思想代表——以太坊创始人 Vitalik Buterin

在论文 Decentralized Society: Finding Web3's Soul 里定义，个体身份的"灵魂"（账户）绑定和代币（灵合币）组成了 Web3 社会的基础构件。

必须预先对 Decentralized Society 的中文翻译进行一些琢磨。从语义上分析，Web3 分析师 malatang.eth 认为把这个短语翻译成"无央社会"更加贴切。更广为流传的版本是翻译成"去中心化社会"，这个翻译在字眼上很容易引起监管的误解甚至被误伤。

Vitalik Buterin 的这篇论文里提到："我们将这个更丰饶、多元化的生态系统称为'无央社会'———种群策共定的社会关系。灵魂们和社区自下而上地聚集在一起，以此为彼此的突出特征，在多种尺度范围内共同创造多元网络物品和智能"。也就是说，用于资历证明、关系归属、声誉体现的一整套 Web3 的生态合集构成了更加具有变革性、多元化的未来。由此可见，Vitalik Buterin 的这段论述并非要追求一种无政府的社会形态，也并非简单化的、政治意义上的乌托邦式论述。相反，他更想表达的是一种无须依赖中心、自下而上、无限扩张的一个结构。

有趣的是，在论文的开头他引用了中国伟大先哲老子《道德经·六十二篇》的一段话："道者，万物之奥，善人之宝，不善人之所保。"老子所说的"道"在西方社会也具有深远的影响力，Web3 里核心的组织结构"DAO"不仅在意思上与"道"相近，在发音上也与此惊人的一致。老子主张的"无为而治"并非不作为，而是不过多干预，充分发挥自我价值完成自我实现，走近最高智慧。

简单来讲，Vitalik Buterin 提出的无央社会就是实现真实世界和虚拟世界链接、映射的一整套方法论。Web3 时代的 NFT、元宇宙、GameFi、DeFi 等全部是网络应用，和真实世界是脱节的，但我们在构建 Web3 世界的时候，完全可以参考已经形成千年的人类社会结构。

如何将 Web3 中的网络应用与真实世界完成绑定呢？现在有很多无央社会的案例已经在实践中，例如，学校可以向学生发放 SBT 通证、俱乐部向球迷发放 SBT 通证、名人向"粉丝"发放 SBT 通证。这些发放通证的机构或个人与拥有者之间存在着现实世界的关联，这样就被绑定到了区块链上，从而运行在 Web3 网络里。球迷凭借 SBT 通证才可以进入球场，学生赚取 SBT 通证才能完成绩点毕业、"粉丝"使用 SBT 通证才可以购买名人的周边产品，这些代表着声誉（绩点）、权益（通卡）、交易（"粉丝"币）身份的系统，通过智能合约完成了无央社会的基石。

Web3 中的网络应用与真实世界的映射并没有破坏 Web3 的"匿名性"，无央社会可以运用从完全隐私到完全公开的各个不同程度的控制手段来调整"匿名性"。这种机制主要取决于业务类型，比如，医院发放给病人的 SBT 通证，原则上应该是在保护隐私的基础上要求病人完全（向医疗机构）公开绑定个人信息，而游戏里的玩家在玩游戏时或许会将 SBT 通证保留完整的匿名性。

无央社会是关于各种社会关系、身份的表达，通过去中心化的数字化拆解与演绎映射在区块链之上，用代码完成了一幅充满想象力的 Web3 数字世界图景。

这一切看似深奥的探索，才刚刚开始。

## 打开 Web3 世界的大门

1975 年，比尔·盖茨和保罗·艾伦用"希望每家餐桌上都摆着一台电脑"的宏大梦想把微软带到了世界上，巅峰时期地球上每 10 个计算机用户就有 9 人在使用 Windows 操作系统；2003 年，马克·扎克伯格想着可以让全世界的人都通过互联网连接起来，于是诞生了 Facebook，如今 Facebook 总用户已接近 30 亿，要知道，全球人口加起来才 80 亿；2003 年，马云心怀"让天下没有难做的生意"的志向创业，如今淘宝天猫年度活跃消费者已达到了 9 亿，商家总数超过了 1000 万。

集中化的中心网络服务帮助数十亿人进入互联网并创造了稳定、强大的基础设施，让信息、社交、购物、游戏都只需要一个指令。同时，这些庞然大物在提供服务的时候又形成了绝对的垄断，它们是规则的设立者、利益的绝对收割者。

面对网络垄断的困境，Web3 应运而生。Web3 不是一个由大型技术公司垄断的网络，而是去中心化网络，由其用户创建、运营和拥有。Web3 将权力放在个人而不是公司手中。在谈论 Web3 之前，让我们先来探讨一下我们是如何走到这一步的。

魏波的生活已经被 Web3 彻底改变。从工作、学习、社交到游戏，他已经进入了一个新的时代，这个时代并非断层一样出现的，而是在和现实世界相互融合。很多人觉得 Web3 高深莫测，因为要了解 Web3 就会接触很多新名词，便会觉得它是属于互联网技术人才的，相反，它属于寻常百姓，会在润物细无声中让每个人逐渐体会到。

Web3 已经成为一个新的、更好的互联网愿景总结词。在它核心的概念里，Web3 使用区块链、加密货币和 NFT，以所有权的形式将权力还给用户。"Web 1.0 是只读的，Web 2.0 是可读写的，Web3 将是可读写并可拥有的。"这句话很好地梳理了我们经历的互联网发展阶段。

在 20 世纪 90 年代互联网刚兴起之时，我们只能在网络上查看由中心节点单向发布的新闻，用户只是被动的接受者，因此那个时代的名言是"在互联网上，没有人知道你是一条狗"。进入千禧年之后，互联网技术的发展让网络服务进入了可读、可写阶段，用户可以通过社交媒体发布照片、文字、视频，可以使用即时聊天软件沟通。在这个阶段，网络服务大爆发，用户量剧增，但同时也造成了互联网的数据垄断。用户的聊天记录、喜好、社交关系等数据会被分析、定位、推送，因此可以这样形容垄断数据的互联网巨头，即"他们知道你是一条什么品种的狗，甚至会猜你喜欢吃什么狗粮"。Web3 在集合了 Web 1.0 和 Web 2.0 的优势后，让可读、可写的互联网第一次把掌控权交给了用户，集中型平台被分布式、去中心化的区块链服务所取代，而提供和经营服务的公司变成了由用户代表驱动的 DAO 组织。在这个阶段，用户在经过"灵魂"绑定的身份塑造后，又变成了"你可以决定你是什么样的一只狗，且控制所有变量"。

## Web3 的核心原则

尽管为 Web3 提供一个严格的定义是很有挑战性的,但有几个核心原则应该算是被广泛接受的。

### 1. 去中心化

互联网的大片区域不是由中心化实体控制和拥有的,而是在其建设者和使用者之间分配所有权。

### 2. 无须许可

每个人都有平等的机会参与 Web3,没有人会被排除在外。

### 3. 原生支付

Web3 使用加密货币进行在线消费和转账,而不是依赖银行和支付处理器等过时的基础设施。

### 4. 无须信任

Web3 使用激励和通证经济机制运作,而不是依赖受信任的第三方。

我们谈论的 Web3,是一个无须许可、无须信任,并且采用加密货币原生支付的去中心化网络服务。这个网络并非只属于懂代码的电脑极客,也不是只有资本雄厚的财团才享有特权,它属于每一个普普通通的人。在某种意义上,它更属于不那么熟悉互联网的人、组织和国家。在既得利益者的垄断裹挟之下,Web3 正在用一种前所未有的创新试图突破藩篱,把所有权归还给用户,例如,金融、教育、医疗服务的族群,正在 Web3 世界崛起。

## Web3 发展的限制

尽管我们描述了 Web3 的诸多好处，但不可否认，现阶段仍有许多限制，生态系统必须解决这些限制才能使 Web3 蓬勃发展。

### 1. 使用成本高

对于 Web3 中重要的功能，如用 Ethereum 登录，虽然已经可以做到让任何人以零成本使用，但是交易的成本仍然让很多人望而却步。由于交易费用较高，还很难得到积极发展。然而，这些在以太坊上的挑战，正在通过网络升级和第二层的扩展解决方案得到解决。另外，也出现了 Polygon、BNB Chain 等使用成本更低的区块链网络。其中，BNB Chain 指币安智能链，是由 BNB 社区运营的公链，可以与以太坊虚拟机兼容，具有创建和部署智能合约的能力。区块链将与原始币安链并行运行，同时与以太坊虚拟机（EVM）兼容。

### 2. 技术门槛高

虽然我们一再强调 Web3 并不是只属于高科技人才，但就目前而言，使用 Web3 的技术门槛还是太高了，因为用户必须了解安全问题，理解复杂的技术文件，并浏览不直观的用户界面。对于这些问题，钱包供应商正在努力解决，但在 Web3 被大规模采用之前，还需要有更多的进展。

### 3. 教育路径不同

教育用户使用 Web3 引入了新的范式，我们需要学习与 Web 2.0 中所使用的不同的心理模式。除此之外，我们还需要使用一些通俗易懂的语言来更好地描述和传播 Web3。在 20 世纪 90 年代末 Web 1.0 逐渐流行时，为了更好地教育用户使用互联网，从业者使用了许多简单、形象的比喻，如信息高速公路、浏览器、网上冲浪等。教育用户使用 Web3 并不困难，只是有点不同而已，因此，告知 Web 2.0 用户这些 Web3 范式的教育举措是非常有必要的。

## 4. 缺乏基础设施

目前，Web3 的生态系统还很年轻，并且发展迅速，因此在现阶段，它仍然需要依赖于传统的、中心化的基础设施。比如，代码库使用 GitHub（面向开源及私有软件项目的托管平台），社交传播通过 Twitter，社区管理使用 Discord 等。许多 Web3 公司正急于填补这些基础设施的空白，但建立高质量、可靠的基础设施还需要时间。

前路漫漫，道阻且长，我们所需要做的就是与时俱进。Web3 是一个年轻且不断发展的生态系统，以太坊的联合创始人 Gavin Wood 在 2014 年创造了 Web3 这个词，但许多想法最近才成为现实。也就是从 2021 年开始，人们才对加密货币的兴趣大增，才着手对第二层扩展解决方案进行改进，才大规模地对新的治理形式开展实验，对数字身份的绑定开启了新的探索。

我们还必须勇敢指出 Web3.0 与 Web3 在概念上的不同。

通常意义上我们理解的 Web 3.0 是由互联网发明者蒂姆·伯纳斯·李（Tim Berners-Lee）阐述的第三代互联网模式——语义网，Web3 则特指建立在区块链技术上的去中心化加密互联网，这已经变成了技术圈的共识。在 W3C 的标准里，Web3.0 可以没有区块链，而本书讨论的则是采用了区块链技术的去中心化网络及其衍生的生态。虽然有部分人沿袭 Web1.0、Web2.0 的叙述习惯把 Web3 和 Web3.0 混为一谈，但聪明的读者应该明确区分概念之间的差异，这对于理解 Web3 至关重要。

从另外一个角度来说，蒂姆·伯纳斯·李的 Web3.0 语义网至今没有广泛的共识，也没有人采用，但是加密世界的 Web3 却在蓬勃发展，得到了越来越多人的认可。

现在，我们正开始用 Web3 创造一个更好的网络，一切探索即将展示在我们的面前。

让我们出发吧。

—第 2 章—

# Web3 的前世今生

要想真正了解一个新事物,就绕不开它的历史。本章将以历史观视角剖析 Web 的发展历史,从历史进程中抽象出技术范式、交互方式、信息类型、组织结构等在不同时期的表现特征。除此之外,本章还将通过叠加时间线的横向、纵向对比,为读者揭示 Web3 清晰的进化路径,从实际体验中提炼特色,由此引出 Web3 较为核心的理念。

# Web 发展简史

Web3 并非凭空出世,其底层技术、传播模式、商业模式的综合迭代是互联网的升级。它跨越了"可读"的 Web 1.0,又跨越了"可读又可写"的 Web 2.0,从而进入了现在"可读、可写,并且可拥有"的 Web3。我们将以时间顺序叠加、技术演变、交互升级、信息迭代、组织创新等维度,力求呈现 Web3 的前世今生。

互联网历史与应用类型对比

## 在线图书馆开启 Web 1.0

2012 年的伦敦奥运会开幕式上,舞台上的蒂姆·伯纳斯·李独自坐在电脑前,接受来自全世界人民感谢的掌声。这位彻底改变了现代人类生活和工作方式的发明者,用一句"This is for everyone"(这属于每一个人)完美诠释了他将万维网(World Wide Web,WWW)无私奉献给全世界人民的初衷。正是坚守这一理念,蒂姆致力于将自己

的发明成果免费公开给所有人,从而极大地改变了人们获取信息的方式,如今万维网已是全世界网民习以为常的存在。

因为万维网的出现,蒂姆获得了这样的评价:"让我们记住他,蒂姆,他不是一个演员,他是在现实中改变我们生活的蒂姆。他的发明是 30 年来人类最重要的发明之一,因为互联网的出现,人们的距离再度被拉得如此的接近。"

1989 年蒂姆·伯纳斯·李第一次提出了万维网的提案,1990 年他正式发明了第一个 Web 浏览器和第一个 Web 服务器(超文本传输协议),人们可以通过拨号指令与计算机进行交互,于是,Web 1.0 时代的互联网正式诞生了。

因特网的使用者最初基本是政府、学校和科研机构,个体很难有机会接入并使用。1992 年,美国 IBM、MCI、MERIT 三家公司联合组建了一个高级网络服务公司(ANS),创建了一个新的网络,叫作 ANSnet,成为 Internet 的另一个主干网,独立的商业网络开始发展,互联网进入了蓬勃发展的商业化发展阶段。我们常说的 Web 1.0 通常便是从这个时候算起的。到 1995 年 NSFNET 退役时,Internet 的骨干网已经覆盖了全球 91 个国家和地区,主机已超过 400 万台。在互联网的商业化、普及化过程中,有一个十分重要的节点,那便是万维网的提出与发布。

那时候互联网还是一片广袤的处女地,人们还不知道到它对于人类而言意味着什么。面对拨号浏览器,人们犹如第一次踏足太空一般兴奋,满怀期待和兴奋地开始了探索和使用。互联网的发明,开启与奠定了人类与机器交互的新范式。

在 80 个塑造世界的文化时刻列表中,万维网的发明名列第一。由 25 位著名科学家、学者、作家和世界领袖组成的小组评选出的条目中写道:"发展最快的通信作为所有时间的媒介,互联网永远改变了现代生活的形态。我们可以在世界各地即时联系。"

Web 1.0 的互联网充满了理想主义,并彻底改变了全球信息化的传统模式,打破了信息存取的壁垒,带来了一个信息交流的新时代,也将互联网变成了供全世界人使用的"知识百科"。这是一个"只读"的互联网,大型组织或商业公司将信息发布到语义网上,用户通过浏览器进行访问,只能看内容不能参与任何互动,用户也不能自由发布信息。

Web 1.0 时代的单向信息传播

这是一个典型的信息孤岛。蒂姆·伯纳斯·李创建 Web 1.0 的初衷就是构建一个在线版本的知识图库,将前人创造的知识搬迁到互联网之上,并由非商业化的组织去管理、协调。信息是单向传输的,正像过去几千年来人类社会信息传播的那样。这个理想化的技术试验很快便被商业嗅觉灵敏的资本发现,于是围绕着 Web 1.0 的商业化运作开启了互联网波澜壮阔的新故事。

随着互联网被广泛誉为当时最大的技术突破之一,大量的公司及投资者想利用这波浪潮制造财富效应,1994 年成立的互联网公司网景(Netscape)绝对是个里程碑的案例。摩根斯坦利的传奇分析师玛丽·米克尔(Mary Meeker)参与了首次公开募股(Initial Public Offering,IPO),并在同年发布了长达 300 页的互联网报告,此报告也成为当时所有互联网投资人的教科书。她投资网景公司的逻辑正如报告中所说:"Netscape 是互联网的入口,未来必然会产生丰厚的广告费用。"

Netscape 尽管经营亏损并且没有明显的收入来源,却在 1995 年首次公开募股成功,该股在发行的第一天早上,以 28 美元的价格上市,并且很快达到了 58.25 美元,这意味着其市值达到了 27 亿美元。当天《华尔街日报》评论称:"通用动力花了 43 年才使得市值达到了 27 亿美元,而网景只用了一分钟。"

1995 年网景主页截图

　　随着网景首次公开募股的成功，美国好多公司开启了一场史无前例的转型。他们只要在公司后面加个 .com，摇身一变就变成了互联网公司，并开启新一轮融资。与此同时，投资者也蜂拥而至，以满足互联网公司的资金需求。20 世纪 90 年代，免费属于每一个人的互联网来到了泡沫喷发的时代。当时美国的硅谷只要拥有一个关于互联网的创意，凭借一份简单的商业计划书，就能获得可观的投资。那段时间世界各国诞生了很多伟大的公司，如今仍然活跃的有 1997 年创立的网易，1998 年创立的腾讯，1998 年创立的新浪，2000 年创立的百度，还有亚马逊、谷歌等。

　　当然，还有成为历史的公司。例如，在网上可以卖猫砂的 pets.com 融资了 1 亿美元，但于 2000 年倒闭；网景由于经营不善，被微软和谷歌打败，于 2003 年退市。值得一提的是，网景创始人之一（Marc Andressen）创立了 Web3 领域最为知名的投资机构 a16z。

　　从宏观数据上看，1994 年互联网领域的风投资金仅有 7 亿美元，到了 2000 年，这一数据达到了 769 亿美元。代表科技公司的纳斯达克指数从 1995 年年初的 700 多点一路上涨到了峰值 5000 多点，上涨了将近 6 倍。然而狂奔的泡沫越来越大，最后轰然破裂。2000 年 3 月 10 日，纳斯达克指数达到了最高点后，开始掉头向下，在后续的两年内，跌到了 1108 点，跌去将近 80%。一直到 15 年后，也就是 2015 年，纳斯达克才回到了 2000 年的高点。

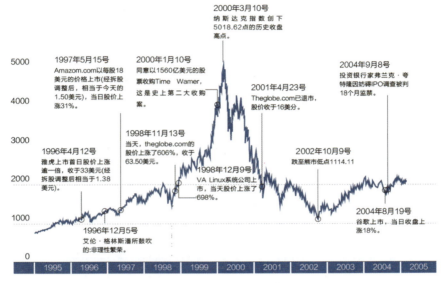

纳斯达克与互联网科技股表现

商业化的 Web 1.0 公司把蒂姆·伯纳斯·李最初提出的信息传播变成了广告牌。风险资本裹挟大型互联网公司"攻城掠地、占山为王"，他们利用资本、人力优势把信息孤岛装修成了商业中心，通过日夜不停地信息更新吸引用户的眼球。每个到来的用户，在计算机后台都被抽离成了一个 IP、一次点击、一次浏览……这一串串冷冰冰的数字被打包成了产品销售给广告主以换取收入。这就是 Web 1.0 的蛮荒时代。

> **要点速览**
>
> Web 1.0 是以数据、信息为中心的单向传播网络，用户只能浏览信息，但无法与之交互。早期网络由非商业性组织管理和维护，具有美好的分布式网络愿景，中后期被商业公司和资本操控，从而引发了第一次互联网泡沫。

## UGC 大行其道的 Web 2.0

轰动全球的《时代》杂志是一本有着广泛影响力的权威媒体,代表了时代潮流的走向,而年度封面人物更是可以成为影响历史进程的关键角色。令人吃惊的是,2006年的封面人物图片是一台电脑,电脑屏幕上写着一个单词"You"。底部配了一行小字:"是的,(年度封面人物)是你!你控制了这个信息时代,欢迎来到你的世界。"

"你"成了封面人物!《时代》杂志的选择旨在表彰数百万为 YouTube、MySpace、Facebook、维基百科和其他网站贡献、生成内容的人。这代表了一个新时代的到来,确切地说,是从只读的 Web 1.0 时代正式过渡到了可读、可写的 Web 2.0 时代。社交网络(如 MySpace/Facebook)、播客(如 YouTube)、博客(如 blog.com)、百科(如 Wikipedia)、图片分享(如 Flickr)、书签(如 Delicious)全面爆发。与此同时,国内的互联网也从最早的门户网站新浪、搜狐、网易进化出了微博、开心网、人人网、豆瓣、土豆、博客大巴、虾米等 Web 2.0 生态。层出不穷的应用极大释放了用户的创造力,盛况空前的互联网大爆炸就这样发生了。

2007 年 1 月 9 日,在美国旧金山马士孔尼会展中心举行的 Macworld 大会上,乔布斯发布了具有跨时代意义的第一代 iPhone,这标志着移动互联网的正式开启。智能手机、4G 网络将 Web 2.0 扩散到了全世界几乎每个角落,Facebook 全球月活用户突破了 28 亿,微信用户突破了 12.6 亿,现实与虚拟的界限日益模糊。

上述一切均来自互联网技术的飞速发展,并由此催生了 Web 2.0 的概念。Web 2.0 由 Darcy DiNucci 在 1999 年首次提及,并由 Tim O'Reilly 和 Dale Dougherty 在 2004 年年底的第一届 Web 2.0 大会上正式提出。这种类似软件版本的命名方式代表了互联网的迭代过程,而这些变化离不开互联网技术的蜕变,Blog、Wiki、Rss、Tag、Social Net 等应用借助移动互联网的 App,大大激发了用户对社交、音乐、图片、视频分享和支付交易的需求。

## 第 2 章　Web3 的前世今生

在 Web 2.0 中，每个人都有公平发表观点的权利，而不再是被动地接收信息，用户第一次在互联网里有了身份，可以在论坛里写自己的观点并能与读者进行实时互动；可以用微博记录、分享自己的所见所闻；可以在社交网络根据兴趣寻找、加入群组，交到朋友……所有这一切构成了一个或多个虚拟身份的你，于是，赛博朋克的世界呼之欲出。

丰富多彩的应用层出不穷，令人眼花缭乱，人们在互联网上的生活更加丰富了，可以自由地进行个人表达，例如，可以拍照上传、等待点赞，可以进行购物，等等。这变成了一种席卷全球的行为模式。Web 2.0 带来的网络效应是人与人之间的距离在互联网上被拉近了，与此同时，创造内容的我们也创造了一个又一个平台寡头。我们把社交关系交给了 Facebook、腾讯，我们把视频交给了抖音、快手，我们把信息交给了微博、头条，我们把钱交给了支付宝。我们在享受这些互联网"巨无霸"提供的近乎免费的便捷服务时，我们也把自己全部交了出去。茨威格说："所有命运馈赠的礼物，都已在暗中标好了价格。"兴起于平权的 Web 2.0 在商业诱惑面前，再一次重复了第一次互联网泡沫的旧路——垄断。

2021 年 1 月 8 日，美国前总统特朗普发现自己无法登录推特账户，页面显示账户已禁用，所有推文、资料全部被删除。特朗普的个人推特账号拥有 8870 万关注者，他也开创了"推特治国"的先河，互联网成了他的舆论阵地。这一封禁消息震惊了世界，尽管他通过各种渠道争取，但推特拒绝解封，随后 Facebook、Instagram 相继封锁了他的账户。这些平台封禁特朗普的理由都是"美化暴力，违反平台规定"，这种理由让一部分人拍手称快——哪怕你是总统，也不能违反平台规定；而另外一种声音也越来越响亮：垄断平台的权力已经大到可以随时删除任意一个人的全部信息，即便总统也不例外。

我们创造的内容同时也成了这些平台的资产，平台控制着流量分发，掌握了对"虚拟人"的生杀大权。他们的权力有时甚至高过了政府，哪怕你拥有几百万"粉丝"，只要平台封杀你，你在网上的一切也会归零。

Web 1.0 诞生了雅虎、谷歌，Web 2.0 孕育了脸书、推特这样的互联网巨头企业，我们还能看到一个类似的巨头企业吗？互联网的每个赛道上都有一个或者更多的巨头，类似这样的巨头已经成为互联网的守门人，它是不会让你在它之上再去做守门人的事情的。也就是说，Web 2.0 似乎已经是封闭科技树的一片叶子，"内卷"不已。

用户与平台进行双向信息传播

Web 2.0 的经济被称为平台经济，用户不是简单的消费者，而是平台的商品。因为用户是以自己的隐私来换取服务的，平台占有用户的数据，可随意利用、篡改用户数据，并且不会为隐私泄漏问题负责。其实我们很容易就发现，这个互联网阶段的主要问题是，它利用用户的数据获得的实际利益与用户无关。用户看似是在建设 Web 2.0，实际上却是在为 Web 2.0 买单。资本催生了很多科技巨头企业，但是人们已经忘记了的"平权""赋予每个人发声的权利"这些初衷。

在 Web 2.0 中，我们所有的网络资产并不属于自己。我们游戏里的装备，辛苦经营的"粉丝"，日积月累的文字、图片、视频、社交关系等都属于平台，我们只是平台"免费的工人"。平台坐拥数亿大数据，精准进行人群画像处理，他们会分析我们的行为特征，为我们"贴心"匹配衣、食、住、行、娱乐，接管我们的经济活动，最终把我们打包成"客户属性"出售给广告客户，这里还包括了大量的隐私信息。

利用中心化存储的 Web 2.0 天然具备信息安全方面的问题。例如，Facebook 超过 8700 万条信息遭到泄露、Under Armour 超 1.5 亿条关于用户生活饮食、运动数据、银行卡号等信息被泄露……这些信息都存储在中心化的网络服务器上，由平台或专业的计算中心管理，技术架构、管理流程、传输模式都在黑客的技能范围内。更有甚之，有的平台会故意出售或泄露用户隐私。

Web 2.0 给我们带来了美好的交互世界，让我们成为真正的"数字人"，线上与线下的界限被抹平，我们可以时时在线。但这并不是一个完美的世界，Web 2.0 的技术架构、商业模式、运营机制将人变成了工具人，同时还要收走工具人的产出。利用平权、人人可发声的愿景，互联网巨头带着我们进入了一个高度垄断的集权时代，他们完全掌握了数字世界里我们的命运。

> **要点速览**
>
> Web 2.0 是人机互动的双向传播网络，用户不仅可以读取，也可以写入各种格式的信息。但网络服务平台经过资本扶持后走向了集权垄断，平台不但拥有网络资产，而且拥有用户的个人隐私信息，甚至滥用用户的个人隐私信息来为平台牟利。

## 无须许可与信任的 Web3

我们先后经历了两次互联网浪潮的洗礼，见证了互联网从网络版图书馆到数字世界的巨大转变。在这些转变的过程中，看得见的是信息传播方式、内容格式、交互方式的变化，看不见的是数字世界背后资本角力、技术迭代和全球化扩张的巨大变化。在互联网的发展过程中，用户的数字资产和身份已经悄然形成，我们已经生活在平行的虚拟与现实世界，它们时而交织，时而背离，彼此形影不离。

时间将我们推到了互联网发展的一个分水岭，在这个边界我们尝到了数次互联网革命带来的丰硕成果，也开始意识到我们为此而付出了巨大的代价。如果像尼尔·斯蒂芬森的小说《雪崩》里所说的，赛博朋克时代终将到来，那么我们似乎还缺乏一些关键性的准备，例如，我们需要回答几个关键性的问题：在数字世界里，"我"是谁？"我"的资产归谁所有？"我"创造的价值如何传递、流动？谁在为"我"的安全负

责?"我"可以信任谁?

这些问题似乎无法用 Web 1.0 或者 Web 2.0 的技术逻辑、商业逻辑来回答,因为,它必将是颠覆性破坏现有利益结构的一种创新模式。

以太坊的联合创始人、波卡创始人 Gavin Wood 博士在 2014 年提出了一种革命性的 Web3 设想,并随后发起成立了 Web3 基金会。他在一次采访中说道:"我创造了'Web3'这个词。那时我很清楚以太坊——我共同创立的平台——将允许人们以互惠互利的方式进行互动,而无须任何人相互信任。借助信息传递和数据发布技术,我们希望构建一个点对点网络,让您现在可以处理任何事情,除了没有服务器和管理信息流的权限。"这也就意味着,Web3 是为了让互联网去中心化、可验证、安全而发起的一组广泛的运动和协议。Web3 的愿景是实现无服务器、去中心化的互联网,即用户可以掌握自己的身份、数据和命运的互联网。Web3 将启动新全球数字经济系统,创造新业务模式和新市场,打破平台垄断,推动广泛的、自下而上的创新。

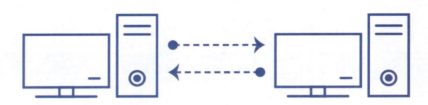

无须中间节点的直连信息传播

那么,就让我们回到最初的状态去思考——不是基于 Web 2.0 互联网巨头的服务出发,而是基于开放的 Web 1.0 去思考:我们如何从谷歌已经放弃的"Don't be evil"(不作恶)进化到"Can't be evil"(无法作恶)?

Web3 是基于 Web 1.0 的愿景和基础,去解决 Web 2.0 的中心化问题,同时也为互联网催生了更多创新的、有生命力的、可自我进化的新物种,比如,自治的 DAO 组织,身份与资产绑定的 SBT,无须信任、许可的网络访问权,等等。公平,不是简单地让每个人都有发声的机会,而是每个人都可以掌控这一机会,并且所有的生产都归自己所有。这一切不需要任何人许可、批准,也不需要信任任何一个组织、个体,一切都是自主自发的。

以去中心化金融（DeFi）为例，它不依赖于任何一个中心化控制的实体公司或个人，而是通过智能合约控制让所有人都能均等地获得访问使用权限。DeFi 让普惠金融成了现实，在非洲、亚洲，很多没有银行账户的用户实现了以前只有去银行才能享受的服务，譬如存款、贷款、理财、保险、交易等。他们不用像去传统银行申请那样提供各类资质文件并等待审批，他们可以通过智能合约自动执行相关操作，而且任何操作都是可查询的。操作的数据存在了区块链上，也就不可更改，从根本上杜绝了传统金融机构挪用资金的行为。这些相关交易是 7×24 小时的，不用等待传统银行的上班服务时间。至此，"普惠金融之父"穆罕默德·尤努斯的"穷人有信用，信用有价值"成了可能。

纵览 Web 发展历史，Web 1.0 正是"所见即所得"，在互联网上呈现了大部分已经创作的内容（已经印刷的内容），让整个世界连成一片，实现了对内容的触手可及。Web 2.0 是"所荐即所得"，由于技术的发展，在每个网络服务分类上都有少数的几家企业形成垄断，于是我们的互联网生活被各种推荐所主宰。Web3 是"所建即所得"，我们每个人都可以参与整个互联网的建设，也可以拥有整个互联网，在 Web3 中数据就是我们的价值。

> **要点速览**
>
> Web3 是价值传播的网络，用户的交互行为从可读、可写进化到了可拥有。所有的数据不再被中心化平台所控制，用户第一次完全拥有了无须许可、无须信任的访问权限。Web3 的互联网不仅能传播信息、经营关系，而且还可以创造价值，即用户可以在数字世界里拥有自己的资产，享有自主权，并可以任意实现价值转移。

# Web3 的进化路径

Web3 带来的变化是巨大而深远的，回望 Web 的发展简史，我们从宏观上获得了不同阶段 Web 的基本特征，这一节我们将从技术范式、交互方式、信息类型、组织结构等方面的演变入手，更加深入地剖析、理解 Web3 的进化之路。通过对比分析，期望可以在堆栈层级更好地理解 Web 的不同之处。

## 技术范式的演变

Web3 是一组互联网技术的集合，而不是单一的概念。技术一直是互联网模式变化的底层驱动力，每次新的模式、新的服务产生时都离不开技术的突破。如果拆开各种技术来谈论 Web3，那么可能需要非常大的篇幅。此处我们引入了"堆栈"的分析方法，把技术抽象为界面层、逻辑层、数据层三个层级，纵向引入不同的 Web 发展阶段，对比介绍 Web3 的技术演变。

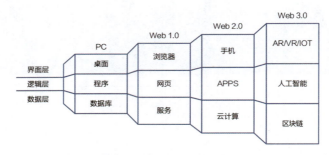

技术范式下的互联网迭代分层

# 第 2 章　Web3 的前世今生

Web 3.0 通常也被蒂姆·伯纳斯·李称作为"语义网",他指出这是一个集成的通信框架,互联网数据可以跨越各个应用和系统实现机器可读。但本书特指的 Web3 并非属于这一概念范畴,以太坊联合创始人 Gavin Wood 重新定义了 Web3 这个词,用来指代一种区块链技术,是可以基于无须信任的交互系统在各方之间实现创新的交互模式。为了和前者做出区别,我们跟随业界习惯,将后者称为 Web3。

Web3 不应该简单、粗暴地使用任何单一的、单独的技术来定义,可以借由经典计算机科学中三层架构的综合计算技术"堆栈"来定义。这个复杂的系统由界面层、逻辑层和数据层组成。具体来讲,Web3 在界面层利用空间技术(如 AR、VR、MR)、物理技术(如物联网、可穿戴设备)来作为交互方式,在逻辑层使用人工智能和机器学习(如 ML、AI)作为认知中枢,在数据层利用分布式(如区块链、边缘)计算技术作为数据中枢,这四种计算趋势构成了 Web3 的三个层级。

## 1. 界面层来了新朋友

随着互联网技术的发展,每隔 15 年左右就会出现一种新的人机交互界面,这些界面对应了不同的 Web 时代,并改变着我们与计算机的互动方式。例如,20 世纪 80 年代的台式电脑,90 年代中期的网络浏览器,2010 年代的触摸屏智能手机,以及 Web3 中兴起的虚拟现实、增强现实和物联网设备,人机交互的方式在不断变化。

界面层交互设备的演变

我们把界面交互层划分成表征空间和物理两个类型来理解。空间类交互通常借助特殊的外围设备,如 AR 或 VR 头盔、智能眼镜和触觉设备,用来看、说、做手势或触摸数字内容和物体。空间计算使我们能够以最直观的方式与计算机自然地对接,并能与我们最自然的交互方式一致。物理类交互是指将设备嵌入物体中,包括传感器、可穿戴设备、机器人和其他物联网设备，这使计算机能够看到、听到、感觉到、闻到甚至是触摸到其他事物。这种交互可以使我们与世界上任何地方的计算机进行对接，接收信息，甚至向环境发送行动指令。

## 2. 认知网络加入了人工智能

Web3 技术中的逻辑层也指逻辑认知层。逻辑认知层代表了人类思维过程中进行建模和模仿的计算总和，这在 Web3 里包括智能合约、机器和深度学习、神经网络、人工智能，甚至是量子计算。它能够实现操作和流程的自动化，并且能够帮助我们模拟、优化决策。

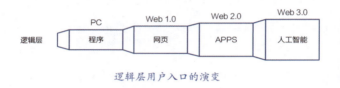

逻辑层用户入口的演变

人工智能用机器来模仿人类认知，因此，与人类思维相关的许多事情（如学习和解决问题），都可以由计算机来完成。Web3 的逻辑认知层将被人工智能计算所驱动。在数十亿个自我执行的智能合约和程序的控制下，每个设备、物件甚至是空间都将具备智能行为，我们周围的环境将显得格外有灵性。人工智能、机器学习、智能合约和相关的"认知"计算技术，使我们从早期计算机的打卡程序转变为自主、自发的自我进化程序。

智能合约（Smart Contract）的概念于 1995 年由 Nick Szabo 首次提出，目的是提供优于传统合约的安全方法，并减少与合约相关的其他交易成本。它是一种旨在以信息化方式传播、验证或执行合同的计算机协议。智能合约允许在没有第三方的情况下进行可信交易，这些交易可追踪且不可逆转。由于智能合约在区块链等分布式账本上存在不可更改性，因此它提供了优于传统程序的安全性，并能降低交易成本。

智能合约是区块链上不可篡改的程序，利用"如果 x 是真实的，则执行 y"的代码逻辑自动执行交易。对于可编程的智能合约，可以创建去中心化的应用（dApp，

Decentralized Application）。去中心化应用也有人称其为分布式应用,是基于 P2P 对等网络运行在智能合约之上的分布式应用程序,区块链则为其提供可信的数据记录。去中心化应用是基于加密经济的协议,为 Web3 的发展奠定了基础,并将 Web3 交付到了用户手中。人工智能和智能合约加在一起可以简化谈判和执行过程,同时可以处理复杂、快速变化的协议,最终可以带来更大的效率。在 Web3 里,智能合约和人工智能可以为使用条款、付款、所有权转让等交互计算提供全流程的自动化处理。Web3 给一切带来了"智能",起初,我们用计算机的语言对其进行编程,让计算机可以"读懂"人类的指令,现在计算机可以"说出"人类可以理解的语言。机器学习让计算机具有更多的可能性去理解我们人类社会,并且很快会将这些"理解"转换为我们需要的服务,应用到我们生活的各个方面。

## 3. 分布式存储跨越云计算

Web3 的数据层指的是以区块链分布式账本为基础的全新技术范式,可以使用区块链上许多设备之间的共享计算,而这些设备各自参与存储、计算的一部分。区块链为 Web3 存储和处理大量数据提供了更高的质量、速度、安全性和信任度。在数据层,分布式计算和去中心化的加密平台将维护各种人、位置、事件的可信记录,并管理所有各方之间的价值存储和转移。作为边缘和网状网络的分布式计算,具有快速和强大的计算能力,并能联合人工智能系统,可以在多种终端设备上处理信息,同时确保个人隐私。

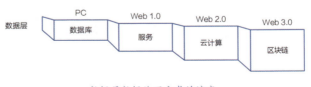

数据层数据处理方式的演变

分布式账本技术使每个身份、合同、交易和货币都可以被信任和验证。信任来自分布式账本的固有架构,不需要依靠一个特定的公司、政府或类似机构来充当可信的中央机构。它开创了一个全新的、真正开放的、去中心化的经济和信息市场秩序。

Web3 中的数据层必须是安全的和值得信赖的，这样空间网络才能长期运作。

区块链是安全性和去中心化水平都极高的网络，人们可以在一个共享账本中存储数据、交换价值并记录交易活动，而且这个账本不受任何中心化实体控制。区块链网络是 Web3 的支柱，提供了安全的执行层，在这个网络中可以创建、发行及交易加密资产，并且可以开发可编程的智能合约。从这个角度看，区块链就是 Web3 的结算层。

我们回顾一下存储和处理数据的方式。在 Web 1.0 时代依靠中心化的服务器，数据被存储在互联网数据中心（Internet Data Center，IDC），就是电信部门利用已有的互联网通信线路、带宽资源，建立标准化的电信专业级机房环境，为企业、政府提供服务器托管、租用及相关增值等方面的全方位服务，需要企业政府自己购置服务器进行托管。在 Web 2.0 时代，云计算、云存储出现，大型互联网公司（如亚马逊、谷歌、阿里巴巴）利用资金和技术优势在全球建立广泛的数据处理中心，对于基础的应用，用户只需要租用它们的云服务器即可。进入 Web3 阶段，中心化公司控制的云服务器已经无法满足需求，于是基于分布式存储的区块链出现，Web3 的项目可以利用类似 IPFS（一个旨在创建持久且分布式存储和共享文件的网络传输协议，IPFS 网络中的节点将构成一个分布式文件系统）等产品，实现安全、永续、高效的数据服务。

将这些不同技术以一种开放和可交互操作的方式结合起来，实现了 Web3 全新的技术思维：一个相互连接的技术堆栈，可以作为统一网络的一部分单独工作，同时又能满足整个系统的需求。

## 交互方式的变化

交互方式是用户与互联网产生连接的最直观感受，用户如何使用互联网已成为区分不同 Web 阶段的一个非常好的标准。在 Web 1.0 阶段，互联网是单向网络，只能使用用户名和密码登录；在 Web 2.0 阶段，社交网络大行其道，社交登录成为主流方式，即除了可以使用用户名和密码进行登录，也可以使用其他社交方式进行登录，这也意味着用户资料被掌握在社交巨头手里；到了 Web3 阶段，用户开始使用钱包登录，这

第 2 章　Web3 的前世今生

代表了私有专属网络时代的到来。交互方式的演变，也带来了背后更深层次的变化。

用户与服务交互方式的演变

## 1. 没人知道你是一条狗

"在互联网上，没有人知道你是一条狗"是彼得·施泰纳（Peter Steiner）绘制并于 1993 年 7 月 5 日由《纽约客》(*The New Yorker*) 出版的漫画的标题。漫画中，一只大狗坐在电脑前对他旁边的一只小狗说的这句话曾被视为网络自由的宣言。

的确，在 Web 1.0 阶段，互联网的存在拓展了人们获取知识的渠道，减少了信息获取的难度，成了人们了解更广阔世界的窗口。但现在看来，那时的"网络自由"并没有那么自由。

彼得·施泰纳知名漫画重绘

由于网页是静态的，用户只能阅读由网站运营者提供的内容，无法与页面的内容或其他用户进行交互操作。在这个阶段，用户可以使用用户名和密码登录网站，查看更细致的内容。互联网对使用它的用户是无差别对待的。从这个角度来说，网络另一端的人确实不知道坐在电脑前的是什么人，有可能只是一只小狗。

043

在 Web 1.0 时代，用户可以在互联网上完成很多事情，但从交互的行为模式来看，其实都是类似的单向传播。不如我们以小狗托尼的视角来看看如何使用互联网。

时间回到 1999 年，小狗托尼打开了电脑，打开浏览器后直接进入被设置成主页的导航网。这样他就不用烦恼记不住那些常用的网站的域名，只需要单击对应的链接就可以进入对应的网站。它打开了热门门户网站新浪网，托尼首先浏览首页显示的热点新闻，在这个依靠编辑整理文章和内容的时代，热门门户网站能够更快地更新高质量的文章。随后托尼又根据自己的喜好阅读了军事和体育栏目。当有重大事件（如 2003 年暴发的非典）发生时，网站一般会设置专题页面，方便人们集中阅读。263.net（首都在线）也是托尼喜爱的网站，这同样是当时热门的门户网站。然而，托尼最喜欢的是宠物乐园频道，在这里托尼能够看到最新的宠物写真。

托尼突然意识到家里的食物不多了，它想要购买一袋粮食，但还拿不准什么配方和味道的更好。它打开雅虎中国，这里除了提供资讯，还提供当时流行的搜索。在搜索关于狗粮配方的文章的同时，托尼通过黄页网站查到了所在城市的宠物食品商店的电话。当它决定购买番茄排骨味狗粮时，于是打电话咨询查询到的商店是否有货，能否送货上门。1999 年的易趣网和 2000 年的卓越网成立后，电子购物变得更加容易。但受限于网络支付的发展，国内网上购物以邮政汇款、备注订单号的模式居多。

这样的交互方式虽然极大加速了人们的互联网生活，也切实让信息传播变得更加广泛。但总体来说，在初期的 Web 1.0 时代，互联网基本是一个只读网络，用户只能单向地接收信息。

## 2. 猜你爱吃什么狗粮

"很多时候，你看到的是你希望看到的，互联网比你更懂你自己。"

这是一个强社交属性的互联网时代。自博客开始流行，人们得以从网站上发表自己的文章与观点，并可以对其他人的内容进行评论。用户不仅仅能够阅读互联网上的信息，还可以创造与贡献内容，并呈现在网络上。如今，网络已经融入了我们的生活。我们可以打开微博点评其他用户的观点，打开微信评论朋友圈的动态，在抖音查看系统推荐的短视频，在大众点评中评论昨晚刚去过的餐厅，在 B 站观看直播并发送弹幕，与主播和其他用户进行实时互动，使用淘宝和拼多多购买商品并发表评价。

这些看起来已经是我们生活一部分的软件与服务，给我们带来了极大的便利。事实上，这个互联网阶段主要由网络公司提供平台，用户主动创造并上传内容，与其他用户进行互动交流，从而为互联网贡献更多有价值的信息与知识，这就是 Web 2.0 时代。和 Web 1.0 的不同之处在于，互联网使用者不再只是单纯的索取者，同样也是贡献者，用户生成内容（User Generated Content，UGC，即用户将自己原创的内容通过互联网平台进行展示或者提供给其他用户）成了 Web 2.0 的标志性特征。

用户的创造力得到了极大的释放，有了轻松创作的工具和平台，正如某视频网站的标语一样，"每个人都是自己生活的导演"。在 Web 2.0 时代，互联网各大网站在资本的支持下全速前进，为用户提供了稳定、高效的创作环境。用户可以随时随地打开新浪微博发表观点，打开微信发布朋友圈，打开拼音就可以发布一段视频……由此也诞生了许多新型的职业，如网络作家、主播、游戏陪练等。用户将大量数据交给互联网巨头之后带来的好处之一是，可以利用社交登录，在不同的服务平台之间进行切换，不需要重复提交资料，比如，我们可以利用微信登录美团，这是我们看得见的 Web 2.0 在赋予用户交互方式上的巨大改变。

MySpace 早期界面截图

用户在使用某个软件或工具的过程中必然会留下诸多信息与数据,如注册的手机号、邮箱、性别、年龄、职业等身份数据,以及在使用过程中记录下或展现出来的访问地点、访问频率、停留时间、好友信息等与用户身份数据关联的行为数据。这些许许多多的用户信息,在大数据技术的背景下,被科技公司利用各种先进的机器算法进行整理、整合、分析。由此科技公司推导出了用户的生活习惯、消费水平、消费习惯、个性爱好和近期需求等,然后将许许多多细致的标签贴到用户身份上。一般情况下,科技公司将用户的这些信息特征称为用户画像。

在 Web 2.0 时代,巨量的用户信息被像腾讯、阿里、谷歌、苹果、Facebook、亚马逊等科技巨头公司所掌握,它们被用来为用户提供精准体贴的个性化服务,提高用户体验。同时由于对用户的需求分析得精准,无论是社会关系的推荐还是商品的精准推送,都会大大提高营销的准确性,为企业创造了巨大的市场效益。

如果将用户画像用在社交关系推荐上,比如 QQ,在联系人频道就会显示"可能认识的人",这里会标注用户有多少共同好友,或者共同来自哪个群。如果将用户画像用在个性化信息的推荐上,比如抖音,算法就会根据贴上的用户标签给我们推荐我们想看的短视频。如果将用户画像用在购物信息的精准推送上,比如淘宝,我们每个人的淘宝主页其实都是"私人定制",商品的品类、价格区间、用户的个性爱好等都是根据每个人的用户画像进行优化过的,甚至很多用户没有意识到的方面,科技公司都为用户考虑到了。

互联网不仅知道小狗托尼是什么品种的小狗,甚至知道它爱吃什么品牌什么口味的狗粮,这神奇的功能被冠以"猜你喜欢"等名词,而背后就是对用户长期积累的交互行为的分析。在 Web 2.0 时代,互联网平台不但可以服务我们,也可以摧毁我们。但真正可怕的不是平台那么懂我们,而是平台可以控制我们,因为控制权在它们手里,它们可以通过日积月累的信息推送,改变我们的认知,甚至颠覆我们的人生。

### 3. 自己决定要吃什么粮

互联网走到"可读、可写"的阶段似乎已经完成了"历史使命",在最初设计计算机语言的时候，那些最基本的"输入""输出"模块都已得到实现。Web 2.0 的交互在各个维度几乎都是无懈可击的，我们有无比丰富的平台可以去发布内容，有数不清的新朋友可以去认识，有海量的信息可供查询。但很多用户选择了关闭数据追踪和信息推荐等。因为用户并不是只会读写的机器，在读写之外，也想要决定自己的价值，选择自己认为重要的事。

如果说 Web 1.0 是信息互联网、Web 2.0 是关系互联网，那么 Web3 最重要的底层逻辑就是价值互联网。在 Web3 中，用户通过"灵魂"绑定通证，所有的操作以区块链钱包为中枢，完整拥有、控制、分配自己的私有财产，包括信息、关系和资产。通过钱包可以登录各种 Web3 应用，这也是这个时期最主要的交互方式。

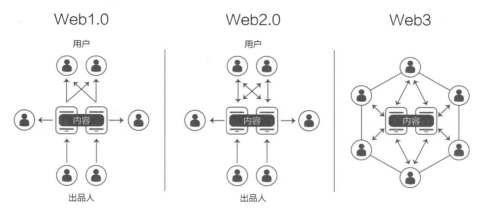

不同时期用户与内容的交互方式

Web 2.0 时代的互联网公司会为用户提供精准的定制化服务，能让用户享受到互联网带来的便利，但现阶段的互联网存在许许多多的问题，特别是对隐私数据的控制、收益权的分配等问题。然而，在已悄然到来的 Web3 时代，能够消除 Web 2.0 阶段网络的中心化、隐私性保护、数据所有权和收益权分配等问题，终将展现一个新的秩序。

去中心化是 Web3 的一个重要特征，这主要依靠分布式的节点运行，它使得用户的数据可以不依赖某个特定公司而存在于网络中。去中心化的运行模式有两个显而易见的好处：一个是更换不同平台时不需要重新填写信息注册新的身份，即可以使用同一个身份使用互联网上的不同平台；另一个是用户数据不会因某个公司或者平台的关

闭而丢失。用户可以通过掌握私钥的方式掌握身份证明，所有的数据都是通过私钥来控制的，掌握私钥就拥有了数据和财产的归属。用户不用担心网站倒闭后数据会丢失，比如，即使 Twitter 关闭了服务器，用户所发表的动态、好友信息也不会消失。

我们目前使用的各个网站、App，届时多数会成为基于区块链技术的 dApp。我们在使用它们时，可以根据自身的情况选择数据授权给谁、授权到什么程度、做什么用途。只有通过签名授权，数据才能被合约调用，而后经过特殊算法加密后被使用。此时的平台只显示我们的数据和资产，我们可以使用 A 网站，也可以使用同类型的 B 网站，它们都只显示我们钱包里本来拥有的资产。如果网站 A 倒闭了或者网站 B 倒闭了，也都不会影响我们在 C 平台上使用，网站 A 和 B 也不会把数据带走或清除，我们才是那个主人。

从这个角度来讲，互联网上的身份是由自己决定的，就像电脑前面的小狗托尼，可以自己决定自己想展现出来的是什么品种的狗或者爱吃什么粮。

## 信息类型的迭代

在 Web3 之前，互联网仅能传播信息，无论是静态信息还是动态的关系，本质上都是一种信息载体。从 Web3 开始，价值网络被重视和挖掘，信息得到了重新编码与重组。基于区块链、AR/VR 的超信息在人工智能的驱动下，让语义网络成为可能。

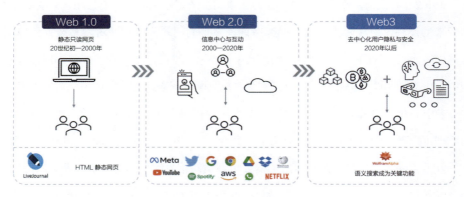

不同时期信息传播的方式

## 1. 24 小时不打烊的线上图书馆

诞生初期的互联网,更像一个电子图书馆和信息展示板,内容提供主体将以前没有放在网上的知识(如字典、图书、杂志等)搬运到网页上去,形成电子化的静态网页。通过网络发布出来的内容能够在一个页面里比较直观地展示出来,而且可以通过链接相互关联。用户打开门户网站,就像是打开了一间已经分门别类的电子图书馆。由于网页上可以展示各种图文信息,如新闻、资讯和各种图片等,用户获取信息的效率和趣味性比线下阅读要高很多。但是,由于受限于网络带宽和硬件设备的发展瓶颈,Web 1.0 时代的互联网展现到人们眼前的多是文本与图片,或者少量的 Flash 动画和视频。然而,在这个内容为王的年代,为了吸引用户观看与点击,网站除了提高更新速度和文章质量,便是提高网页的排版与设计,毕竟用户会选择浏览、观看更有吸引力的网站。

## 2. 随时随地分享生活点滴

随着网络技术的发展,我们进入了可以"互动"的 Web 2.0 时代,普通用户不再只是网络的"旁观者"。作为 Web 2.0 时代开始的标志便是博客,博客是使用图文记录信息的。在这之后,能够分享简短、实时信息的社交平台逐渐流行起来,诸如 Twitter、微博等。它们可以实时地发送包含文字、图片、短视频的动态信息,以用户关系信息为基础进行分享、传播,正如微博的宣传语"随时随地发现新鲜事"一样,用户可以随时随地分享生活。由于经济的发展,人们的生活节奏越来越快,整块的时间越来越少,用户的注意力变成了稀缺资源,"碎片化阅读"演变成了人们的刚需。

伴随着互联网技术的发展,宽带及 WiFi 的普及,特别是移动网络 4G、5G 技术的成熟,人们可以随时通过手机观看高清视频、直播等大流量的信息。我们也可以随时随地可以用手机记录、发布短视频,创作门槛大大降低。国内以抖音为代表的移动短视频应用迅速兴起,观看与拍摄短视频、参与直播也成了人们参与互联网的主要方式。

中国互联网络信息中心(CNNIC)发布的第 49 次《中国互联网络发展状况统计

报告》显示，截至 2021 年 12 月，我国网民规模达 10.32 亿，互联网普及率达 73.0%，网民人均每周上网时长达 28.5 个小时，较 2020 年 12 月提高了 2.3 个小时。即时通信、网络视频、短视频、网络音乐、网络直播、网络文学的用户使用率分别为 97.5%、94.5%、90.5%、70.7%、68.2% 和 48.6%，用户规模分别达 10.07 亿、9.75 亿、9.34 亿、7.29 亿、7.03 亿和 5.02 亿，互联网已经深度融入我们的日常生活，表现形式也越来越多元化。文字、图片、音乐、视频往往交织在一起，人们可以根据所处的场景和需求做出自己的选择。例如，开车和跑步时可以选择听音乐；休闲时可以选择阅读网文、观看短视频和网络直播；疫情期间居家时可以通过视频开工作会议或上课学习，等等。

## 3. 虚拟与现实交错相连

科技不断发展，各种新型技术和产品也不断出世，融入我们的生活，或为我们的生活带来便利，或提高我们的生活品质。AR、VR、MR 在基于人工智能的区块链架构上，近年来也逐渐进入我们的视野。特别是随着"元宇宙"概念的爆火，与之相关的概念和技术也开始火爆起来。

VR（Virtual Reality），即"虚拟现实"，又称灵境技术。一般是指利用计算机技术创建一个为用户提供视觉、听觉、触觉等感官模拟体验的三维空间的虚拟世界。用户可以借助特殊的设备，即时、没有限制地观察三维空间内的事物，仿佛身临其境。当用户进行位置移动时，电脑便会通过复杂的运算，将精确的三维世界影像传回，使用户产生临场感。该技术集成了电脑图形、电脑仿真、人工智能、感应、显示及网络并行处理等技术的最新发展成果，是一种由电脑技术辅助生成的高技术模拟系统。

VR 的技术目前已经得到较为广泛的应用，例如，我们可以通过 HTC VIVE、Value Index、Oculus Rift 等硬件设备在 Steam 平台上玩 VR 游戏；从 20 世纪 70 年代开始，相关单位便通过 VR 仿真技术培训宇航员；通过真实的临场感和沉浸式体验，帮助学生更快、更直接地学习知识；用 VR 模拟人体结构用于临床医学，等等。

AR（Augmented Reality），即增强现实技术。AR 是将虚拟信息与真实世界巧妙融合的技术，它利用计算机将虚拟的信息叠加到真实世界，并通过设备显示出来。AR 需要较强的后台技术支持，却并不像 VR 那样需要复杂庞大的硬件资源作为支撑，因此 AR 比 VR 更容易普及应用，也更早走入我们的日常生活。特别是智能手机等移动设备的不断更新，让我们在不经意间享受了这项技术带给我们的便利与快乐。比如，运用美颜相机时添加的特效，拍摄抖音时添加的特效表情，还有近几年流行的支付宝"扫福"活动，都是对 AR 常见的应用。当然，AR 的应用远不止如此，直播时场地信息的标记，旅游地对景点的信息展示，以及展览馆、博物馆对展示物的信息展示，开车时将时速、里程等信息投放到视野前方以方便观测，等等。AR 可以给真实世界里的物品赋予更多的信息，增强视觉效果和互动体验。随着 5G 技术的普及和硬件技术的提升，AR 将带给我们新的应用场景和应用体验。

MR（Mixed Reality）是混合现实的简称。相比 VR 和 AR，MR 是近几年被提出来的新概念，它集成了 AR 和 VR 这两项技术，融合现实世界和虚拟世界而产生新的可视化环境，比 AR、VR 的体验更加真实。通过 MR 技术，我们在虚拟世界、现实世界和用户之间搭起了一个交互反馈信息的桥梁，用户既可以看到真实的世界，同时也能够看到虚拟的物体，关键是虚拟和现实之间可以实时交互。例如，在家居建材行业，用户可以试装各种家具。MR 还处于相对早期的阶段，但它已经在医疗、娱乐等方面发挥了重要作用。我们可以预见，随着网络技术的发展和硬件技术的提升，MR 能为我们的工作和生活带来完全不同的体验。目前，MR 比较有代表性的设备有 Microsoft HoloLens。

## 组织结构的创新

Web3 不仅在技术与用户体验上有变化，它更是代表着一种思维方式，这种思维方式进而影响了组织模型的创新。去中心化的架构思维让社会组织、公司结构都会得到

新的理论指引,而纵观 Web 发展历史,不同阶段的组织结构正好对应了当下的技术思维与信息模式。接下来我们将以组织结构的创新为中心,通过对比分析,以期更具体地阐释 Web3 带来的宏观影响。

## 1. 纯粹科研驱动的组织协会

科研活动具有投入资金大、回报周期长、不确定性高等特点,商业机构很难将资金投入没有明确盈利目标的项目上。因此,早期的互联网相关的研究成果基本诞生在政府、院校和科研机构。"冷战"时期,美国国防部成立的 ARPA(Advanced Research Projects Agency,高级研究项目局)拥有几百名优秀的科学家,既拥有足够的预算和权力,也可以将研究项目分包给其他科研机构。ARPA 建立的阿帕网(ARPAnet)在立项时获得了 520 万美元的初始筹备金及 2 亿美元的项目总预算,相当于当时中国外汇储备的 3 倍,充足的资金保证了科研项目的顺利进行。对于美国国家科学基金会、美国麻省理工学院(MIT)、英国国家物理实验室(NPL)、欧洲粒子物理研究所等,互联网初期瞩目的科研成果几乎都有这些机构的身影。

当互联网具备一定规模时,为了保证互联网相关的标准和规范的统一,多个相关组织和协会相继成立,并在互联网发展的过程中发挥了重要的作用。1985 年,互联网工程任务组(Internet Engineering Task Force,IETF)成立,它是全球互联网最具权威的技术标准化组织之一,主要任务是负责互联网相关技术规范的研发和制定,当前绝大多数的国际互联网技术标准出自 IETF。1992 年 1 月,国际互联网协会(Internet Society,ISOC)成立,这是一个非政府、非营利的行业性国际组织,在世界各地有上百个组织成员和数万名个人成员,在推动互联网全球化、加快网络互联技术、发展应用软件、提高互联网普及率等方面发挥了重要的作用。1998 年互联网名称与数字地址分配机构(The Internet Corporation for Assigned Names and Numbers,ICANN)成立,这也是一个非营利性的国际组织,负责在全球范围内对互联网唯一标识符系统及其安全稳定的运营进行协调,承担着域名系统管理、IP 地址分配、协议参数配置,以及主服务器系统管理等职能。建于 1994 年的万维网联盟创(W3C),是 Web 技术领域最具权威和影响力的国际中立性技术标准机构，已发布了几百项影响深远的Web技术标准，有效促进了Web技术的互相兼容。很多组织与协会至今仍在为互联网的稳定与发展贡献着力量。

　　Web 1.0开启于科研，它的组织结构天然由科研机构和非营利性组织组成，互联网上的信息、标准和运营都直接来自这些分散自治的机构，用户无法参与任何形式的治理。随着网络应用的深入、用户的剧增，一些商业公司在资本的助推下开始与这些组织合作，取得授权或免费使用前人创造的网络基础服务，如HTTP、SMTP、HTML、URL等各种协议和技术。以雅虎、网景等商业公司为代表的新组织模式迅速站到了台前，占据新闻头条，暴涨的股价、与日俱增的用户数据让商业果实落入了他们的口袋。但我们应该永远记住，这一切的辉煌都来自几十年来无数科学家、科研机构、非营利组织的默默耕耘。

## 2. 平台型企业成了垄断巨头

　　Web 2.0的组织模式源于这个时期的互联网的根本特征——关系网络。不同于Web 1.0时期的信息互联网，维护关系网络本身就需要庞大的组织，只有他们才有能力维护海量实时数据交互的虚拟社会。简单理解就是，如果在Web 1.0时代还存在个人英雄，凭借一己之力可以经营一个提供信息的平台，那么在Web 2.0时期，维护任何一个社交网络都不再是一个小作坊甚至是一个小公司可以完成的。在实时存储、分发、计算数以亿计的交互数据时，大型商业公司起到了基建公司的作用，他们为互联网的应用提供水、电、交通等基础设施，但这并不是终点。

　　按照互联网的发展路径，起步就做基建的公司并不多，更多的是从应用开始，从而积累了庞大的数据、技术、资本优势，慢慢形成垄断。开始于搜索引擎的谷歌，在完成了对全部互联网信息的检索基础后，通过技术开发、资本并购涉猎投资、游戏、视频、硬件、广告、社交、电商、通信、云计算、大数据等各个领域。开始于线上书店的亚马逊更是依托在电子商务方面的积累，迅速拓展了云计算、硬件、人工智能、数字媒体娱乐、互联网金融及支付等行业。更为我们所熟悉的是腾讯，这家从即时通

信起步的公司，在短短的 20 年内几乎涉猎了互联网服务的每个版图，并在多个领域形成了绝对的垄断地位。中国国内从 BAT（B 指百度，A 指阿里巴巴，T 指腾讯）三足鼎立的局面逐渐过渡到了腾讯和阿里巴巴的"双雄"，近期崛起的字节跳动勉强在内容分发方面占有一席之地。

商业化让互联网具有了更强的生命力，而商业公司在给我们带来便利的同时是以盈利为目的的。1994 年网景公司成立，其发布的图文浏览器在 8 个月的时间里取得了 80% 以上的市场占有率。1995 年 8 月网景上市，定价每股 28 美元的股票一度飙升至 75 美元，最终以约 58 美元收盘。巨大的财富效应，引得全球无数资本与创业者涌入互联网行业，雅虎、谷歌、亚马逊等互联网企业诞生。虽然经历过互联网泡沫，但谷歌、苹果、推特、Facebook、亚马逊这些巨头公司仍掌握着巨大的流量入口，有着巨量的用户。截止到 2021 年，Alphabet（谷歌）、亚马逊、苹果、Facebook 和微软的年收入总和约为 1.2 万亿美元，他们提供的软件和服务为用户带来了娱乐、工作、学习和购物等方面的体验和便捷的服务。而用户在使用的过程中，也可以创造内容，创造数据，为巨头公司贡献了大量的数据信息。在这个过程当中，用户的个人信息和创造的内容都放在巨头公司的服务器内，被公司"打包拿走"，因此成就了一个个垄断的巨头公司，而用户却无法享受到自己的信息所带来的收益。

毋庸置疑，社交网络在互联网 Web 2.0 时期发挥了巨大的商业价值，但随着"中心化"特征愈加明显，越来越多的问题浮出水面，如用户丧失对个人数据的自主权，资源垄断扼杀小微创新，大数据算法"杀熟"等。这些问题越来越受到谴责和质疑，于是不断有人发声"天下苦 Web 2.0 创作平台久矣"。因此，打破这种局面成为越来越强烈的共识。

## 3.　去中心化组织接管新时代

我们常说，在 Web3 时代个人拥有信息的所有权，但这一理念与传统的互联网巨头公司靠数据和算法盈利的需求是相悖的，因此就需要一种新的组织形式来适应这种变化。

## 第 2 章　Web3 的前世今生

去中心化自治组织（Decentralized Autonomous Organization，DAO）应运而生。DAO 是基于区块链核心理念，由达成共识的群体自发产生共创、共建、共治、共享的协同行为，从而衍生出来的一种组织形态。通过智能合约和通证，DAO 能够使参与者就组织资源、事项执行、资金分配等事项投票做出共识决策。

和传统公司相比，DAO 更像有很多合伙人的一个组织，这些合伙人不受空间地域的限制，而组织的运转方式和执行流程由预先设定的智能合约自动完成。它重新定义了参与者、贡献者的所有权和收益权，它比传统公司的机制更加公平与透明。DAO 的所有行动和资产都是公开的，任何人都可以查看。区块链技术确保了 DAO 可以一直保持中立使命，有了智能合约一起工作，只要满足某些预先确定的条件，就可以触发一个自动执行的命令。例如，在采用了 DAO 组织模型的情况下，智能合约可以确保获得一定数量的赞成票的提案会自动执行，所有步骤都由可审查的代码控制，因而在流程控制上可以达到近乎完美的结果。

与自上而下运作的传统组织不同，DAO 以扁平的等级结构运作，它允许所有成员对影响更广泛群体的关键决策有发言权，而不仅仅是主要股东。DAO 对普通人来说更容易进入，因为进入的门槛没有那么高。在 Web3 之前，能够在早期投资并参与一个项目，必须是声名显赫的个人或者是投资机构。但在 DAO 中，情况并非如此。通过分布式的扁平的组织架构，我们可以无须信任、无须中介便可以在全球范围内广泛参与到项目之中，并且成本可以更低。

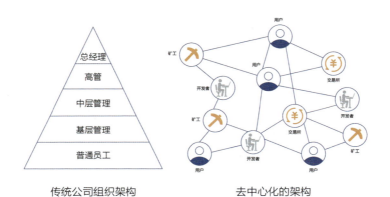

不同时期组织架构的对比

2016 年，The DAO 筹集了价值超过 1.5 亿美元的数字资产（按当时的价格），并拟定按照智能合约管理分配筹集的资产与投资收益，随后由于合约漏洞被黑客利用，被转走总价值超过 6000 万美元的资产。这是第一次以 DAO 这种模式进行商业运行的尝试，虽然以失败告终，但随后几年，DAO 的概念随着区块链技术的成熟被赋予越来越多的关注，创业者、投资者争先恐后进入这个领域。2021 年 12 月 8 日，红杉资本将推特账号的简介改为"从想法到落地，我们帮助有胆识的人缔造传奇 DAO；从创意到代币空投，让我们一起冲"，虽然一天后其又将简介更改回来，但各路传统资本对 DAO 的关注与热情却可见一斑。

如今，社交、投资、创作、捐款等各种类型的 DAO 出现在我们的面前，并随着技术的进步在各个领域发挥着重要的作用。目前，DAO 已经被用于治理社区和资助项目，如管理 NBA 的篮球队，甚至试图购买美国宪法的初版印刷本。当然，这个领域还处在拓荒期，泥沙俱下，同样充斥着吸引眼球的伪概念。虽然 DAO 这个新的组织形式正在跌跌撞撞中摸索着前进的道路，但它至少已经在改变我们的生活了，不是吗？

# Web3 的核心理念

在概念理解上，Web3 代表互联网形态向着更民主的范式转变：Web3 想创造一个真正的"集体所有"的互联网，即互联网和所有人的数据不再被互联网巨头所控制。Web 1.0 是建立在 TCP/IP、SMTP 及 HTTP 等开源协议之上的，而协议是多个计算机同意相互交流的标准方式。这些基础协议管理着互联网上的信息和信息流，如果用户想使用它们的规则创建一个应用程序或服务，那么不必为访问付费。Web 2.0 是网络的读写版本，它带来的重大转变是个人用户可以向互联网发布内容，实现了交互功能。例如，谷歌、腾讯、Facebook 和 Twitter 这些平台不仅可以让我们观看、搜索和分享内容，还可以由我们创建内容，只不过这些内容都"属于"这些平台。Web3 是网络的读写加自己拥有版本，它正在为用户带来数字所有权。例如，数字货币、各类 NFT 及各类 DAO 都是 Web3 的组成部分，并且在网络上可以实现读写和归属权。现在用户可以拥有数字资产，控制自己的内容和数据，等等。Web3 所有权意味着平台的建设者、经营者和使用者拥有着他们所使用的东西的一部分。

Bitcoin 和 Ethereum 是最早期的案例：ETH 和 BTC 其实是对诚实地保持账本更新及其他贡献者的回报，是这些人的所作所为在维护着网络的安全。建立在 Ethereum 和区块链上的基于通证的网络甚至引入了新的所有权模式，这些模式不一定与合作模式或股东权益模式相同。例如，所有权的形式可以是通证，当用户提供了某项服务后就会获得，比如，为交易提供流动性，或是为网络未来的发展进行治理投票。而 Web3 更加宏伟的愿景就是，任何网络的参与者都将能够拥有他们每天使用的产品和服务的一部分。到这里，想必大家都对 Web3 有了比较全面的认知，用一句话概括便是：拿回本该属于自己的东西。具体来说，其有以下四大特点。

## 去中心化

从互联网时代就争论不休的"中心化"与"去中心化"，在区块链时代似乎有了更深刻的解读。连以太坊的创始人都跳出来跟大家澄清"去中心化"的真正含义，可见其重要地位。"去中心化"最初是一个自然科学中的生态学原理。在一个分布有众多节点的系统中，每个节点都具有高度自治的特征，节点之间彼此可自由连接，形成新的连接单元。任何一个节点都可能成为阶段性的中心，但不具备强制性的中心控制功能。节点与节点之间的影响，会通过网络而形成非线性因果关系。这种开放式、扁平化、

平等性的系统现象或结构,我们称之为"去中心化"。进入互联网时代,尤其是在中本聪提出"区块链"概念后,"去中心化"成为一种现象或结构,其只能出现在拥有众多用户或众多节点的系统中,每个用户都可以连接并影响其他节点。通俗地讲,就是每个人都是中心,每个人都可以连接并影响其他节点,使用分布式存储与算力,整个网络节点的权利与义务相同,系统中数据的本质为全网节点共同维护,因而区块链不再依靠中央处理节点,即可实现数据的分布式存储、记录与更新。

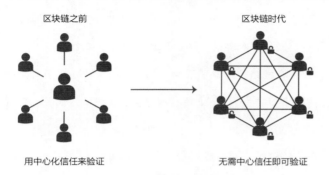

中心化与去中心化的交互模式

每个区块链都遵循统一规则,该规则基于密码算法而不是信用证书,且数据更新过程都需要用户批准,由此奠定了区块链不需要中介与信任机构背书。简单理解就是,区块链中的数据是分散存储在网络中的许多节点上的,而传统的数据存储方式则是将数据存在网络中一个或几个大节点上。区块链本质上是一个去中心化的分布式账本数据库。这里要特别注意的是,关于"去中心化"的理解误区是,去中心化就是没有中心。其实,去中心化不等于没有中心,而是中心多元化,任何人都可以成为中心,任何中心都不是永久的,中心对每个人不具备强制作用。

Web3 基于区块链而存在,承诺将隐私和数字身份还给用户,同时由于非同质化通证(NFT)和去中心化应用(dApp)实现了新的互动水平,可以在其中创建、发行及交易加密资产,并且开发可编程的智能合约。智能合约是区块链上不可篡改的程序,利用"如果 x 是真实的,则执行 y"的代码逻辑自动执行交易。可编程的智能合约可以创建去中心化的应用,也就是所谓的 dApp。

去中心化应用基于加密经济的协议,为 Web3 的发展奠定了基础,并将 Web3 交付到了用户手中。dApp 与 Web 2.0 的应用和 Web 1.0 的静态 HTML 不一样,dApp 不由任何一个人或组织运行,而是由去中心化的区块链网络运行的。去中心化应用看似简单,但能够打造出点对点金融服务（DeFi）、数据驱动的保险产品及 P2E（Play-to-Earn，是对 GameFi 经济模型的概括，即边玩边赚）游戏等非常复杂的自动化系统。

以社交软件为例，每天我们每个人都要花费大量时间刷各种社交软件，10 分钟没有查看就感觉自己已经被世界遗弃，没有聊天软件和其他社交平台的生活简直不可想象。然而目前社交网络的结构是中心化的，由用户创造内容，由社交网站设定规则、存储内容、分发内容。用户存储了大量私人信息在这些社交网络中，期待有私密空间可以保存，或者只跟对的人分享，或者只想让可见的朋友看到。然而，真实的情况是什么样的呢？在"通过收割用户信息进行变现的社交网络"，用户之间的交互是通过中心化社交网络实现的，可以利用社交网络进行人际关系的沟通与维护，获取朋友动态、热点内容等信息。而作为服务提供方的社交网络则掌握了用户产生的数据，并通过分析这些数据，进行精准的广告推荐，从而获益。于是，我们的信息成了被争抢的蛋糕。想一想每天接到的广告电话吧，这便是从社交网络中获取的，就连社交网络巨头 Facebook 也无法保障用户的私人权益。Facebook 承认，数据分析公司 Cambridge Analytica 在 2016 年美国总统大选前，违规获得了 5000 万 Facebook 用户的信息，并成功地帮助特朗普赢得了美国总统大选。不得已，这位亿万富翁被美国国会叫去，在听证会上被整整询问了两个多小时。

与此同时，很多人对 Web3 也存在质疑声音：真正走到互联网的"无政府"的去中心化状态，恐怕并不可行。正如软件工程师 Geoffrey Huntley 所指出的，目前大多数区块链，尤其是在 NFT 领域使用的区块链是无权限的。他认为，Web3 的实现，意味着用户存储 NFT 的数字钱包可能被发送任何内容——包括暴力色情或其他数字形式的骚扰。此外，Twitter 前 CEO Jack Dorsey 则认为，用户并不拥有 Web3，Web3 的实际拥有者是项目背后的风险投资机构（Venture Capital，VC）及其有限合伙人，"Web3 永远不能逃离他们的激励，最终会成为一个带有不同的中心的实体"。显然，在不被治理的情况下，人们将很难确定 Web3 的到来究竟是让用户拥有更多权利还是丧失更多权利，这需要无数的尝试、消费者行为的转变和技术创新。

从现有的互联网 Web 2.0 到 Web3 的转变是一个需要几十年的过程，它将从根本上改变我们与互联网交互的方式。互联网已经从根本上改变了我们所生存的世界，这是一个毫无争议的事实，例如，金融市场、文化领域、选举方式都发生了改变。10年或20年后，由互联网产生或引起的事件将会更加深度和更加频繁地塑造世界，就像 DeFi 领导的金融革命一样，Web3 的革命是不可避免的，而且将会逐步推进，然后一下子普及。

## 原生支付

在日常生活中，消费都需要面临支付这个简单的问题，无论是通过线上支付还是线下支付，我们都是将钱打给对方账户。在 Web 1.0 和 Web 2.0 时代，支付基础设施依赖于银行和支付处理器，在这种情况下，我们想将一笔美元兑换成人民币，需要经过人民银行和外汇管理局的严格审查后方可实现，这显得十分不方便。尤其是当我们向银行借贷时，银行会对我们的个人信息进行全方位调查，审查我们的个人信用度后才决定是否放款。使用集中式服务器，组织可以轻松干预、控制或关闭他们认为适合的应用程序。由于银行也是数字化的并且处于集中控制之下，因此经济活动也经常被干预。在经济波动、极端通货膨胀或其他动荡时期，银行可能还会关闭用户的银行账户或限制资金使用。

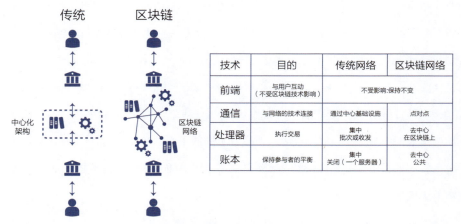

传统支付模式与区块链分层对比

## 第 2 章　Web3 的前世今生

在 Web3 时代，使用加密货币在线消费和汇款，不再依赖银行和支付处理程序等过时的基础设施。Web3 使用 BTC 等通证在浏览器中直接汇款，不需要受信任的第三方。加密货币是一种数字资产，为其技术奠定基础的加密协议使交易安全且具有防欺诈性。与传统的信用卡处理方法不同，加密货币不需要银行调解员。简言之，加密货币是去中心化的，没有任何组织对此拥有控制权，它的使用比简单的投资要广泛得多，而且也能够满足我们的日常交易需求。

在 Web3 中可以使用加密货币进行支付处理，加密货币具有有以下特点。

- 自己的银行，用户可以使用钱包作为所有权证明来控制自己的资金——不需要第三方。

- 安全的银行，由经过验证的密码学保护，这一样可以保护用户的钱包、资产和交易。

- 点对点支付，用户可以在没有银行等中介服务的情况下发送资产。就像亲自交付现金一样，而且用户可以随时随地与任何人安全地进行操作。

- 没有集中控制，加密货币是去中心化的和全球性的，没有公司或银行可以决定发行更多的资产或更改使用条款。

- 对任何人开放，用户只需要一个互联网连接和一个钱包就可以接收加密货币，无须访问银行账户即可接受付款。

- 数量灵活，最多可整除小数点后 18 位，因此用户不必购买 1 个完整的比特币，而是可以一次购买任何数量。如果用户愿意，那么购买数量可以低至 0.000000000000000001 BTC。

## 无须许可

在日常生活中，我们经常会听到公司或个人在依法从事某些事情的时候，需要向管辖行政机关申请"行政许可"。近年来，为进一步推进营商环境创新试点工作，使市场准入和退出机制更加健全，更加开放透明、规范高效，以及更好地服务经济社会高质量发展，各国均在很多领域推行"免申即办"政策。这不仅大幅减轻了企业办事负担，而且更利于拆掉"玻璃门"、砍掉"高门槛"、打破"黑匣子"，让企业在公平、透明、便捷的环境中自主决策，进一步激发了企业的创新创业热情。这与 Web3 的"无

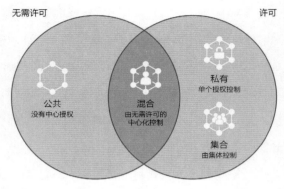

许可模式定义分析

须许可"特征有异曲同工之妙：所有节点均可请求将任何交易添加到区块链中，但只有在所有用户都认为合法的情况下才可进行交易。这意味着任何人都可以使用它，而无须生成访问凭证或获得提供商的许可，允许任何人参与而无须中心机构批准的系统，如比特币、以太坊这样的公共区块链是无须许可的。

Web3 是一个开放的网络，任何人都可以参与用于验证交易的共识过程，具体实现过程如下。

Web3 时代是契约互联网。互联网中用户的"身份"，通过加密散列和时间戳记构成的分布式文件传输和存储系统，将得到前所未有的强化，甚至可以通过追溯政府颁布的出生证明、学历注册、工商登记和职业资格认证等信息，进行"盖戳"加密与固化，所有信息只能添加，不可篡改。而基于用户"身份"的一系列网络行为轨迹，如图文与视频的发布、网购记录、大宗买卖、水电账单、商业合同、法证收集、生产供应链流程衔接等，都会通过属于每一个"身份"的资产通证（Token，一切资产通证都可以称为 Token，此处特指身份资产通证）和智能合约运作，得到清晰的记录和戳记，甚至被智能合约自动推进。Web3 让"真相"不再有被人为塑造的机会，一个人或一个机构，其身份与行为轨迹被真实记录，与他方订立的契约会被系统推进，并被不可篡改地执行。区块链作为基础架构的下一代万维网，不仅让用户以"通证"对数字资产或实体资产的数字映射实现了所有权确认，更是明确固定了"所有权"对应的契约关系。

从上述角度看待从 Web 2.0 向 Web3 的演变过程并不难发现,这是一个用户"身份"从抽象到具象,从无用到有用,从一个指代符号到一个契约系统的演进过程。智能合约是传播、验证或执行合同的计算协议,允许在没有第三方的情况下进行可追踪、不可逆和不可篡改的可信交易。作为一种协议,智能合约保障了不同网络间信息的传输与跨应用程序的数据调用。不过,智能合约具备更强的服务契约和交易的经济学属性,即可溯源、不可篡改且不可逆。无须许可系统的主要特征是完全透明、开源、匿名,以及缺乏中央权威机构。每个人都有平等的参与机会,没有人被排除在外。这是一种范式转变,让数十亿人能够参与经济活动,开发新的应用程序,展现创意机会,建设一个更美好的世界。

Web 2.0 时代是无法实现"契约互联网"功能的,原因是它只是"身份互联网"。随着博客和社交网络的出现,人们在互联网上"是谁"变得越发重要。每个人的性别、国籍、地域、职业、教育程度、爱好和生活方式等标签,以刚性或柔性的方式成为我们在社交网络、视频网站、购物平台甚至网约车软件注册账号的一部分。交友 App 约会的匹配度、社交网络发表观点的公众反馈、网红直播带货的效果、病患对医生网络问诊的评价等,都与"你是谁"密切相关。一个逼近"真实"的身份,将为在网络上有行为轨迹的人带来更直接的结果和收益。而一个人在网络上的行为轨迹也潜在地构成了"身份"的一部分,被推荐引擎算法使用后,推荐引擎将推荐给他们更期待的文章、视频、交友对象、商品,甚至网约车司机。因为一切网络行为都社交化了,所以不管你是一个人还是一条狗,人们都知道,算法也知道。不可否认的是,当互联网巨头垄断了用户的信息后,它能掌握用户的"生杀大权",就连美国前总统特朗普在推特上发表了对互联网不利的言论后,其推特账号也被直接封杀了。

## 无须信任

一个无须相关人员相互信任就可执行交易的系统创建了这种"无信任"机制。在无须信任的系统里,消除了参与者相互了解或信任以使系统正常工作的需要,无须中

介机构（如银行或交易所）来确保结果，而由计算机代码负责执行任务即可。区块链定义了一种协议，允许两个人在互联网上以点对点的方式相互交易。当用户在区块链上以数字方式将价值从一个账户转移到另一个账户时，用户相信底层区块链系统既可以启用该转移，又可以确保发件人的真实性和货币的有效性。这就是"共识系统"，它允许用户保存数字共享的真相。机器共识（加密经济协议）区块链有一个共享账本，它为用户提供了系统状态的绝对真实性。它使用数学、经济学和博弈论来激励系统中的各方达成"共识"，就该账本的单一状态达成协议。

以比特币为例，比特币协议有一个称为"工作证明"的共识算法，它将系统结合在一起。对于要在两个消费者之间解决的交易，该算法要求一组节点（称为"矿工"）通过解决复杂的算法问题来竞争以验证交易。换句话说，就是比特币在经济上激励"矿工"购买和使用计算能力来解决复杂问题。这些经济激励措施包括："矿工"赚取用户为进行交易而支付的交易费用，以及"矿工"因成功解决难题而获得新比特币。由于存在这些经济激励措施，"矿工"们就会一直关注网络，以便可以收集一组新的交易以适应新的"区块"。然后"矿工"便会使用自己的计算资源来解决复杂的算法，以"证明"自己做了一些工作。第一个解决算法的"矿工"将证明和新区块（以及其中的所有交易）添加到区块链并将其广播到网络。那时，网络中的其他所有人也都会同步最新的区块链，因为这是每个人都相信的"真理"。

Web3 基于的区块链技术使用智能合约来促进用户之间的无信任交互，它允许来自世界各地的陌生人在没有中间人可信任的情况下仍然能够完成交易，这都依赖于智能合约技术。用户只需要信任代码就能在智能合约的帮助下消除中间人的存在，从而完成之前无法实现的业务。去信任系统改变了商业、金融甚至投票选举系统。区块链是值得信赖的。用户可以信任一个创建在良好区块链上的好的智能合约，而不用信任一个人或一家公司。智能合约也被称为"无须信任"，因为用户不需要信任另一方，就可以通过智能合约与对方做生意。如果使用得当，用户只需要信任区块链。信任是互联网的一个重要组成部分，它支持用户与它的互动。如果不信任某个特定网站或应用程序，那么用户可能会发现，很难使用此类网站或互联网。

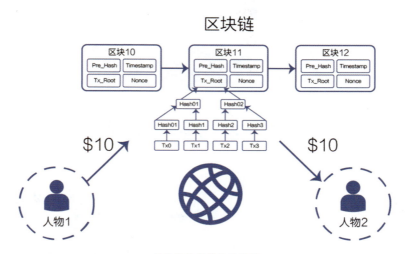

区块链处理信任流通图

令人惊讶的是，人们对使用互联网的信任正在大大削弱。对美国互联网用户的研究表明，美国政府和组织的被信任度下降了近 50%。这种情况不仅发生在美国，而且在世界其他所有地方都发生了。因此，Web3 由于其无信任交互的特点而成为最佳选择。请注意，Web3 不仅仅与互联网有关。例如，去中心化金融（DeFi）就是 Web3 与金融结合的一个产物。现在，如果要将无须信任与金融联系起来，那么可以谈谈银行业务。当我们将钱转给朋友或亲人时，会希望这笔钱分毫不差地直接存入对方正确的账户，然而可能因为一些原因，银行可能会直接冻结公民在银行的资产。而去中心化金融和去中心化金融理论上可以解决这一问题。Web3 应用程序可以在满足要求时自动执行操作的计算机程序。除了程序指令之外，它不考虑肤色、种族、位置或性别等因素。无论背景如何，该计划的执行对每个人都是一样的，这被称为 Web3 的无信任性，这也使得 Web3 能够打造更公平的互联网。

无许可交互与访问互联网有关，而无关一个人的位置如何。许多人隐瞒互联网的真相是，对互联网的访问是根据位置进行监管的，例如，苹果、Facebook 等公司就限制自己的程序在俄罗斯甚至被俄罗斯人使用。而 Web3 协议不受任何形式的基于区域的法规约束，没有基于位置或地理的限制，只要用户连接到 Internet 后，就可以访问支持 Web3 的应用程序，并使用所有可用的功能。

—第 章—

# 深入理解 Web3

通过对 Web 发展历史与特征的总结,我们从历史和堆栈角度了解了不同时期的互联网模式的特征,也理解了 Web3 的核心理念。从本章开始,我们将进入 Web3 内部,从当前技术架构的问题入手,来研究 Web3 的全新应用程序架构;抽丝剥茧地深入系统协议层、技术设施层、用户用例层、系统接入层,从而深入理解 Web3。

# 当前互联网的架构与问题

自 20 世纪 90 年代以来，计算机用例的范围迅速扩大，涵盖电信、游戏、娱乐、文字处理及更多的应用。通过计算机网络传输信息的方便性，是社会自我组织方式的一个根本性变化。因此，我们看到了社交、娱乐、媒体、知识库及人类文明中其他重要信息流的巨大变化。Web 1.0 和 Web 2.0 互联网的本质是人类对信息流的记录、创造和分享能力的两次爆炸级增长。

| TCP/IP模式 | 协议和服务 | OSI模式 |
| --- | --- | --- |
| 应用层 | HTTP,FTTP,Telnet,NTP,DHCP,PING | 应用层 |
| | | 表示层 |
| | | 会话层 |
| 传输层 | TCP,UDP | 传输层 |
| 国际互联层 | IP,ARP,ICMP,IGMP | 网络层 |
| 网络接入层 | Ethernet | 数据链路层 |
| | | 物理层 |

传统互联网架构细节

当今互联网中通用的计算机通信模型中，相关协议标准（OSI 模型和 TCP/IP 模型）中只定义了数据的格式和传输规范，网络只作为信息传输的管道，没有对用户的身份和状态进行统一管理和统一存储。身份和状态只独立存储在第三方浏览器和第三方平台的中心数据库中，在不同场景下数据不互通，无法迁移，也容易被黑客攻击或被平台"内鬼"随意篡改。无状态互联网参与者无法保存自己的状态，也不能把状态从一

个应用平台传递到另一个应用平台。

传统的互联网应用使用闭源代码，将业务运营逻辑变成了不透明的黑盒，从而垄断了数据。而 Web3 中因为区块数据库和智能合约是公开的，数据所有权归属于每个节点，因此用户能够真正拥有自己的数据和链上数字资产，杜绝了像谷歌和苹果这样的大公司对个人身份和信息的控制和垄断，也杜绝了黑客攻击导致的大规模数据泄露。

Web 2.0 中的中心化应用与 Web3 中的 dApp 应用体系完全不同。以典型的微博为例，它是一个社交网站，允许用户在平台上共享自己创造的内容，浏览其他人发布的内容并进行交互。虽然操作看起来很简单，但微博的应用程序架构很复杂。首先，必须有一个地方存储基本数据，如用户、职位、标签、评论、喜欢、等等。这样一来便需要一个不断更新的数据库，也就是 Web 2.0 应用中的中央服务器。其次，后端代码（使用 Node.js、Java 或 Python 等语言编写）必须定义微博的业务逻辑。例如，当一个新用户注册并发布一篇新博客，或者在别人的博客上发表评论时会发生什么。最后，前端代码（通常用 JavaScript、HTML 和 CSS 编写）必须定义微博的页面逻辑。例如，界面的网站元素布局，当用户与页面上的不同元素交互时会发生什么。

综上所述，当用户在微博上发布动态时，需要与微博的前端交互，前端记录状态和数据变化，并传给后端服务器，服务器将变动改写到数据库中完成记录。记录用户信息、用户资产和用户权益的所有代码都托管在中央服务器上，最后通过客户端或浏览器发送给用户。以上就是一个Web 2.0 应用通常的工作方式。

但在 Web3 中，这一切都在改变。区块链技术为 Web3 应用程序提供了一个新方向，身份和状态被记录在 Web3 网络中。

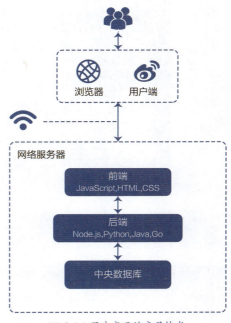

Web 2.0 用户交互的底层技术

第 3 章　深入理解 Web3

## 3.2 Web3 的 dApp 架构

与 Medium 等 Web 2.0 应用程序不同，Web3 消除了中央服务器。它既没有存储应用程序状态的集中式数据库，也没有后端逻辑所在的集中式 Web 服务器。用户可以利用区块链，在一个由互联网上的匿名节点维护的去中心化的状态机上构建应用程序。状态机（State Machine）是一个计算机科学概念，即机器在不同时间可以有多个状态，但在任何给定的时间只有一个状态，它描述系统的当前状态，以及触发状态转换的事务。区块链由一些初始化的实例开始运行，用非常严格的规则（如共识算法）来定义后续状态如何变更。

目前 Web3 的前端和 Web 2.0 应用基本一致，但增加了与智能合约交互的业务，我们将在后文介绍。Web3 中的运算

Web3 用户交互技术流程

由网络中的分布式节点共同完成，然后将结果记录在分布式网络（分布式网络是由分布在不同地点且具有多个终端的节点机互联而成的。网中任一点均至少与两条链路相

连,当任意一条链路发生故障时,通信可转经其他链路完成,具有较高的可靠性。同时,网络易于扩充)中。没有一个单一的实体能够控制这个去中心化的状态机——它由网络中的每个人共同维护,没有后端中央服务器。用户可以编写定义应用程序逻辑的智能合约,并将它们部署到区块链网络中,而不用像 Web 2.0 平台那样维护特有的中央服务器。每个想构建 dApp 的人,都要在区块链这个共享状态机上直接部署他们的代码。

现在,让我们深入探讨一下是什么让这一切成为可能的。

## 状态机

以太坊区块链经常被称为"世界计算机",是因为它是一个全局可访问的确定性状态机〔状态机一般指有限状态机(Finite-State Machine,FSM),又称有限状态自动机(Finite-State Automation,FSA),是表示有限个状态,以及这些状态之间的转移和动作等行为的数学计算模型〕,由节点的对等网络维护。状态机上的状态更改由网络中的对等点遵循的协商一致规则控制。换句话说就是,它被设计成了一个状态机,世界上任何人都可以访问和写入。因此,这台机器不属于任何单个实体,而是由网络中的每个人共同拥有。

此外,在状态机下只能将数据写入以太坊区块链,而不能更新现有的数据。

## 智能合约

智能合约是一个运行在以太坊区块链上的程序,它定义了区块链上发生的状态变化背后的逻辑。智能合约是用高级编程语言编写的,如 Solidy、Rust、Cadence 或 Move 等。智能合约代码存储在以太坊区块链上,任何人都可以检查网络上所有智能合约的应用逻辑,这为用户审计合约的安全性提供了基础。

有了智能合约,以太坊虚拟机(Ethereum Virtual Machine,EVM)将执行智能合约中定义的逻辑，并处理在这个全局可访问的状态机上发生的状态更改。

EVM 并不能读懂 Solidy 和 Rust 等高级语言，这些语言只用于编写智能合约，再由编译器将高级语言编译成二进制代码后，EVM 才可以执行该代码。

而前端主要功能是定义用户界面逻辑，但某些情况下也可以与智能合约中定义的业务逻辑进行通信交互。

## 技术视角下 Web3 的四个层级

按技术架构的分层思路，Web3 的技术应用可分为四个层级，分别是系统协议层、基础设施层、用户用例层、系统接入层。系统协议层是 Web3 的操作系统和神经中枢；基础设施层是 Web3 的"水、电、煤"，有了这个层级应用才有可能大规模接入；用户用例层是 Web3 的市井烟火，这是用户集中使用 Web3 的地方；系统接入层是 Web3 的任意门，用户通过这一层级可以正式接入并进入 Web3 世界。

### 系统协议层

系统协议层是 Web 技术架构的最底层，比较接近我们通常意义上说的"公链"，可以粗略类比为一个计算机的操作系统，比如是 Windows、Mac OS 等，系统协议层还有一些应用的基础协议。

### 系统协议层

系统底层区块链架构协议/结算层

区块链提供了一种创建有状态计算机网络的方法，即我们现在所说的 Web3 互联网。

Web3 为应用程序添加了全新的基础架构层，用户需要学习新的概念才能够很好地使用这些应用程序。因此，Web3 应用程序的架构选择了在当前的 Web 2.0 框架基础上引入新的构建块和开发工具，这样不仅能让开发人员熟悉应用，还能让用户在操作上更加接近之前的习惯。

通常我们认为 Web3 是一个利用区块链技术构建的无信任、无须许可的互联网。Web3 的核心发展要义是将构成网络的技术栈进行去中心化重构，用去中心化的开源平台替换 Web 2.0 中的中心化平台，在网络传输信息的每个环节中贯彻去中心化，同时又能平衡安全性与性能。

用户可以在 Web3 中用去中心化协议搭建中心化应用，代码一旦部署，该应用的运行将由网络节点共同维护，并自动运行，链上的应用互联互通，价值得以自由流动。在此过程中，信息被赋予了特定价值，这样便实现了信息的数字资产化，形成了去中心化的价值互联网。

当前的 Web3 互联网还处在新生的早期阶段，仍在不断迭代，要搭建 Web3 可信互联网，我们需要一系列去中心化的软件基础设施，让用户都能在上面开发自己的应用。软件基础设施包括以下几个方面。

● 去中心化的身份系统——DID 身份。

- 去中心化的存储网络——IPFS 协议。
- 智能合约执行引擎——智能公链。
- 去中心化金融交易工具——DeFi 协议。
- 跨链的基础设施——跨链桥。

由于区块链技术冗余节点的数据备份特性，以及每个区块的容量被严格限制，导致网络的性能受到了较大的限制，链上的计算资源也显得尤为珍贵，因此发展出了侧链和其他公链，计算部分被放到了侧链或者链下，而记录的结果则被放在主链上。在外部网络数据传输的过程中，为了保证数据的安全性和可用性，整个网络传输过程中的中间件和协议都是去中心化的，否则数据将会有被篡改的可能。所以，以此为思想核心，开发者构建了很多种传输协议，使得整个 Web3 网络上去中心化的思想得到了极大的贯彻。

### 1. 公链：区块链的操作系统

Web3 网络的底层是基础的系统公链协议，其承担了节点间基础的共识计算和数据传输功能。公链网络是人人都可以访问和使用的信任层，我们可以把每条公链理解为 Web3 的不同操作系统。

比特币网络是常规意义上区块链的第一个公链网络，比特币协议工作在应用层，所有节点之间都是对等的 P2P（Peer to Peer，点对点）网络。但由于比特币网络的性能限制，很难在这个网络上开发并运行很多 dApp，随着以太坊等公链的崛起，公链阵容才日趋强大起来。

### 2. 以太坊：首个智能合约公链

智能合约是 Web3 网络的新范式。受到比特币的启发，俄罗斯程序员 Vitalik Buterin 开发了图灵完备的可编程区块链平台——以太坊（Ethereum），任何人都可以在以太坊创建基于智能合约的去中心化应用。这使得区块链网络具备了强可组合性，可组合性让 Web3 网络可以在无须许可的情况下持续衍生出新的应用，这也是促使 Web3

网络不断健壮的最重要的特性之一。

以太坊催生了大量的去中心化应用，使得 NFT 标准诞生并得到了大规模的应用。自 2015 年开始，以太坊引领智能合约（dApp）开发平台发展至今，拥有全球最大规模的开发者及 dApp 生态。DeFi 和 NFT 的出现让以太坊的应用场景得到了极大的扩展。

作为生态最健全、开发者数量最多的公链，以太坊在公链生态占据了非常重要的地位，很多创新都首先在以太坊上诞生，随后被推广到其他公链。

截至 2022 年，在众多新兴的公链中最受关注的是所谓的 Diem Layer 1 公链，包括主打 Move 智能合约语言的 Aptos。

那么，Aptos 是什么呢？Aptos 意为"人民"，它是一个高性能的、采用权益证明（Proof of Stake，PoS）协议的公链，旨在成为最安全和可扩展最好的协议，致力于打造可升级性，并以用户体验为核心设计。不同于大多数我们所熟知的使用 Solidity 和 Rust 等智能合约语言的协议，Aptos 使用 Move 编程语言和 Move 虚拟机来进行 dApp 开发，而 Move 编程语言原本是由 Facebook（现 Meta）为其数字货币项目 Libra（Diem）专门设计的。

Aptos 的创始团队是来自 Web 2.0 的 Meta 公司，在其放弃 Diem 项目之后，原来的许多研究员和开发者成了 Aptos 团队成员。Aptos 的 CEO Mo Shaikh 在资本圈混迹多年，擅长叙事与融资，CTO Avery Ching 在 Facebook 任工程师长达十年，专业过硬，二者可谓黄金搭档。这样的团队背景和叙事方式，在加密领域屡试不爽，使得 Aptos 的资方矩阵堪称顶配，资本方中广为人知的有 a16z、FTX、Coinbase、Multicoin、Binance 等。资本方对 Aptos 先后投资了 3.5 亿美元，项目估值超过 27 亿美元。Aptos 在上线前已经获得了大量曝光，Coinbase、Binance、FTX、OKX 等主流交易所争抢第一时间宣布上线其主网代币 Aptos（APT）交易。

对于 Aptos 项目，其独特之处在于可扩展性、安全性和可升级性。以往的协议经常受到频繁中断、高成本、低吞吐量和众多安全问题的困扰，Aptos 通过一系列内置的特性来解决了这些问题。

● **模块化设计**：为了实现网络交易高吞吐量，Aptos 区块链在交易处理的关键阶段采用了流水线和模块化方法。这样，Aptos 支持更快、更安全的发布周期，因为可以针对单个模块进行更改。另外，这样还提供了将验证器扩展到单台机器之外的结构化路径，提供对额外计算、网络和存储资源的访问。

- 密钥轮换：为了防止账户私钥被盗而导致资金损失，Aptos 设置了账户密钥恢复和轮换协议，并提供混合托管服务，以创造更安全的用户体验。

- 可扩展性：Aptos 支持无需停机的即时升级，它设置了有效的机制，来方便社区投票和快速执行升级，在过去几年中成功执行了多次重大升级而没有停机，确保部署安全可靠，提高了迭代速度。

- 并行处理：Aptos 使用的"并行处理"技术可以在提高交易速度（吞吐量）的同时保持非常低的成本。目前大多数协议使用顺序交易排序或串行执行，其中交易的单一时序不断被更新，非常耗时，所以这也是大多数协议的结算速度极慢的主要原因。Aptos 使用并行处理，可以同时运行多条链，理论上可以同时处理更多的交易。Aptos 在纯执行环境中的实验速度已经达到了大于 17 万笔交易/秒，比以太坊的 30 笔交易/秒高出几个数量级。

## 3. Polygon：最佳扩容试验

Polygon 是以太坊 Layer 2 扩容的主要解决方案。其不断增长的产品套件使开发人员可以轻松访问高性能的区块链网络，包括 Layer 2 解决方案（ZK Rollup 和 Optimistic Rollups）、侧链、混合解决方案、独立链和企业链、数据可用性解决方案等。Polygon 可拓展性区块链网络 Avail 测试网现已在 2022 年 11 月上线，每秒可处理 420 笔交易，如果将区块填充到存储极限，可以达到每秒 2.5 万笔交易，也就是每个区块可处理 50 万笔交易。

## 4. BNB Chain：中心化交易所的主打链

BNB Chain 是币安社区发起的公链，借助币安社区在全球数量众多的用户、开发者，BNB Chain 发展迅速，特别是以 GameFi 为代表的应用在这条公链上非常活跃。

BNB Chain 兼容以太坊虚拟机，可以和以太坊生态互通，并具有高并发、优秀的可编程性、高效的跨链等特性，让其在速度、效率、成本和易用性等方面得到了众多用户的认可。

## 5. 以太坊升级与扩容

截至 2022 年 8 月，以太坊的处理业务随着链上交互的快速增加，以太坊的处理能力也很快遇到了明显的瓶颈，需要进行扩容。以太坊已经在 2022 年 9 月份将共识机制从 PoW（Proof-of-Work，工作量证明）转为 PoS，将以太坊主网和信标链进行合并，为分片方案打下基础。当前，以太坊生态中更多地采用 Rollups、状态通道（State Channels）、侧链等二层扩容方案来提高以太坊的处理能力。

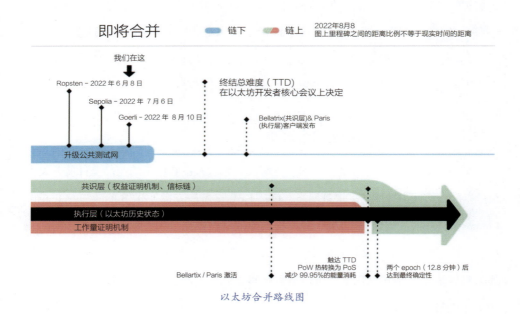

以太坊合并路线图

一条基础公链要同时兼顾功能、性能、网络三个要素。在当前区块链的设计中，存在一个知名的"不可能三角"问题，即一个区块链项目最多只能同时满足去中心化、安全性和交易性能这三个条件中的两个条件。在区块链设计中，唯有牺牲高吞吐量才能换取去中心化网络结构中的高可靠性。以太坊 1.0 主网作为 Web3 网络中每年处理数万亿美元交易的平台之一，当前的处理能力只能达到15TPS，较低的交易吞吐量导致了网络的拥堵和"矿工费"高昂。

为了成为能承载数百万应用和数十亿用户需求的平台，以太坊的处理能力必须大幅度提升。为了破解和平衡区块链的"不可能三角"，开发者创建了不

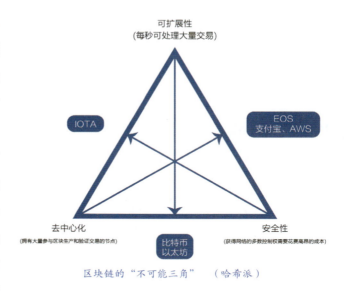

区块链的"不可能三角" （哈希派）

同角度的扩容方案。其中，分片和分层是两大可能的方向，它们的基本方向是链上扩容（分片）和链下扩容（分层）。

链上扩容往往需要改变协议原有的规则（协议改进和分片等），是一个特别复杂和具有挑战性的方案，目前还在开发完善中。协议改进是指对底层协议进行更改以扩大交易吞吐量，主要是通过增加单个区块中可以包含的交易数量（仅在短期内可持续），减少区块创建之间的时间差，或者从工作量证明机制（Proof of Work，PoW）向权益证明机制（Proof of Stake，PoS）转变来实现的。分片（Sharding）是指将一个区块链的计算任务和数据空间划分为多条链，比如ETH 2.0中将会有许多条分片链。在分片中，由于交易会被分配给特定的节点来进行验证，而不是由整个区块链网络进行验证，因此不存在导致高昂交易费的竞争，而且交易速度也更快，进而提高了每秒可以处理的交易数量。

因为区块链所有交易都需要在网络节点中进行数据同步，整个网络的性能瓶颈往往会取决于单个节点的处理性能，所以我们通常认为，链上扩容方案在性能上会存在难以逾越的天花板。因此当前涌现了越来越多的链下扩容方案，也常被称为Layer 2扩容方案。

　　Layer 2 扩容不直接改动底层区块链的规则，而是将业务计算过程放到主网外执行，然后在主链上完成清算。目前，Layer 2 解决方案主要包含状态通道、Plasma 侧链、Rollups、Validium 等。可以说，第二层解决方案本质上是通过在区块链基础层之上运行一种架构，来比一般的区块链架构更快地处理事务。侧链包括 Polygon、xDai 等公链项目。下面是 Layer 2 不同的解决方案。

　　● 基于 ZK Rollup 75（数据上链、采用零知识证明）的 zkSync、Immutable、StarKware、StarkNet、Aztec、Loopring 等。

　　● 基于 Optimistic Rollup 方案（数据上链、采用欺诈证明）的 Arbitrum、Optimism 等项目。

　　● 基于 Plasma 方案（数据链下保存、欺诈证明）的 OMG Network、Gazelle、LeapDAO 等项目。

　　● 基于 Validium 方案（数据链下保存、采用零知识证明）的 StarkWare、zkPorter 等项目。

　　● 基于 State Channels 方案的 Connext、Raiden、Perun 等项目。

　　随着众多底层公链和二层网络的兴起，我们需要在它们之间架起价值的桥梁。跨链桥作为不同链之间的高速公路，可以让用户将价值以通证的形式从一个链转移到另一个链。目前常用的跨链桥包括 Anyswap（去中心化跨链协议，于 2021 年 12 月更名为 Multichain）、Hop、Stargate、Wormhole、Synapse 等。

## 基础设施层——Web3 的"水、电、煤"

　　进入基础设施层就像打开电脑，电脑里有存储用的磁盘，有连接网络的网卡，有播放音乐的声卡，这些都是系统运行的基础设施。与电脑一样，Web3 也有很多类似的基础设施，但也有很多不同的更加抽象的功能或服务。

## 基础设施层

可互操作的构建块,为Web3应用程序提供了多样化的组件工具

基础设施层——Web3 的"水、电、煤"

## 1. 去中心化存储

随着科技的进步,数据的存储形式从结绳壁画、书籍纸张发展到了现在的半导体数字存储器,实现了数据储存量的跃升。通过对海量不同维度数据的全方位精炼分析,我们实现了对数据价值的深度发掘,极大地提高了网络的边际效益。所以在 21 世纪的数字经济时代,数据是新的石油。

传统万维网的最初设想是,使人们能够收集我们所知道的一切。虽然当前的互联网已经取得了巨大的成功,但它还有一个致命的缺陷:网络中没有原生的统一数据存储层。当文件从网络中的中央服务器上被删除时,它们将会从知识库中丢失。此外,对于某个应用程序,其作者和维护者若要删除或更改它们时,曾经驻留在这个系统中的应用程序将不再可用。

在过去的网络分工中,大多数 Web 2.0 服务采用了基于服务器—客户端的服务模式,该模式依托于中心服务器,由平台的中心服务器存储并控制用户数据。平台看似是为用户提供了免费服务,实则是以用户贡献出时间和数据为代价的。用户使用平台时也就失去了数据的所有权,平台则以极低成本获得了海量用户数据,然后通过广告等方式获得盈利,再通过对用户数据进行分类、分析,刻画出用户的身份和行为,从而有针对性地为用户提供服务。平台攫取了用户数据的价值,实现了数据垄断,也不

可避免地导致了数据丢失、数据泄漏等安全问题。

不同于传统的中心服务器，去中心化存储并没有拥有或经营一个数据中心。对于分布式存储系统，由分别持有全局数据中部分数据的用户操作者组成分布式网络，形成了一个具有弹性的文件存储共享系统。这里讨论的去中心化存储，是一种通过区块链存储技术将文件或文件集分片加密存储在不同节点所提供的存储空间上的存储方式。通过区块链去中心化存储技术，Web3 为用户提供了一个由用户掌控数据、由节点共同运营维护、没有中心化管理者的分布式存储范式。

基于开源的区块链技术，Web3 实现了去中心化的网络运算与存储，即无须存储应用状态的中心数据库，也不需要中央网络服务器来存放后端运行逻辑。这使得网络运行的控制权不再由一个实体拥有，而是由网络中的节点共同执行业务运算和网络运行。

### ◆ IPFS

IPFS 全名为 InterPlanetary File System，即星际文件系统，是一种内容可寻址的超媒体分发协议，旨在创建持久且分布式存储和共享文件的数据存储系统，是 Web3 时代的基础数据存储协议。

IPFS 网络中的节点将会构成一个分布式文件系统，在有数据存储需求时将数据分成几十份更小的数据文件，然后将小的数据文件加密后分别存储在几十个不同的节点中，避免了服务器的单点故障，也保证了 IPFS 上数据的安全性。

现在互联网中的内容是基于服务器的位置（即 IP 地址）寻址的，就是在查找内容的时候，根据内容的 IP 地址先找到内容所在的服务器 IP 地址，然后在服务器上找对应的内容。而 IPFS 是通过内容寻址的，每个文件都有对应的哈希值。系统不需要知道文件存在哪里，通过哈希值就能找到这个文件。当用户将文件发布到 IPFS 网络时，IPFS 会计算文件的哈希值，并将文件所对应的哈希值存储在对应节点上。

例如，Filecoin 便是一个运行在 IPFS 上面的官方激励层，其协议构建了一个去中心化的存储市场，激励"矿工"为 IPFS 网络贡献节点和存储空间。

Filecoin 数据截图

### ◆ Arweave

Arweave 是一个以实现数据的永久存储为核心价值主张的去中心化存储网络,目前其提供的核心服务是为数据提供分布式的永久存储,致力于成为 Web3 时代的数据存储基础设施。Arweave 承诺可以为用户提供至少 200 年的存储保障,一次付费,永久存储。Arweave 沿用了比特币网络的工作量证明(PoW)共识机制,并新增了访问证明(Proof of Access,PoA)共识机制,来鼓励"矿工"尽可能多地存储更多数据。

核心的 Arweave 协议之上是永久网络(Permaweb)。Permaweb 旨在打造一个全球性的、永久性的网页和应用程序网络。在某种程度上,它通常被称为永远无法删除的集体硬盘。Permaweb 通过 Blockweave 数据结构和 SPoRA 共识机制实现了信息永久存储的功能。因此,用户选择存储的数据将永久存在于 Arweave 区块链中——除非用户主动选择把它删除。除了存储之外,Permaweb 还支持 Smartweave 智能合约系统,可以实现应用和智能合约的运行。目前出现了越来越多基于 Arweave 的项目,Arweave 的应用生态日渐强大,有望成为其他公链的有力竞争对手。

### ◆ CeDeStor

除了 IPFS 和 Arweave 外,我们还有 Storj、Skynet(天网)和 Sia 等去中心化存储解决方案。随着这些技术的成熟,还出现了 Filebase 和 Pinata 这样的分布式存储技术聚合供应商。就像 Amber Group、Coinbase 这样的中心化公司利用从 Maker DAO、Curve 和 Compound 等协议提供 DeFi 服务一样,中心化公司也在将分布式存储协议聚合,打包成更多可用的服务,为开发者提供部署更方便、成本更低、兼容性更高的入口。例如,Filebase 提供了对简单存储服务 S3(Simple Storage Service)标准的兼容 API 和服务级别协议(SLA)。这些公司无疑将会促进去中心化存储等 Web3 技术在企业当中的应用。

### 2. 数据分析与处理

区块链是一种公开在以太坊等公共区块链网络上的数据库,数据是公开可查的。

但是，直接对链上的原生数据进行查询分析，在大多数情况下是一件非常专业且耗时的事情。例如，用户要查询以太坊上某个协议每天的交易数据，就需要通过编写代码对链上所有数据进行遍历，再提取出有效数据进行分析，这将是一个低效且漫长的过程。

执行指令码将涉及遍历块、解析资讯，以及对其进行正确排序和提取资料。这既耗时又非常专业。像这样的指令码可能能够提取有关一个特定专案的资讯，但需要进行大量修改才能将其转化为可读的格式。此外，在所有区块上执行指令码本身就是一个漫长的过程，需要对一个完整的节点或对外部服务的许多节点单独查询。因此，我们需要有帮助用户和其他应用程序进行数据分析处理的应用与服务。

### ◆ The Graph

The Graph 是一个去中心化的链上数据索引协议。2020 年 12 月 The Graph 主网上线，现在已经可以支持对 30 多个不同网络的数据进行索引，包括 Ethereum、NEAR（协议）、Arbitrum、Optimism、Polygon、Avalanche、Celo、Fantom、Moonbeam 和 Arweave 等。

它与传统的基于云服务的 API 类似，区别在于传统的 API 是由中心化的公司运营的，而 The Graph 的链上数据索引则由去中心化的索引节点组成。借助 GraphQL API，用户可以通过 Subgraph（子图）直接访问并获得信息，既快速又节约资源。子图是一种数据结构，定义了 Graph 从以太坊索引哪些数据，以及如何存储这些数据。

The Graph 设计了 GRT 通证机制，以鼓励多方参与自己的网络，涉及委托人（Delegator）、索引者（Indexer）、策展人（Curator）和开发者（Developer）。业务的流程概括就是，用户提出查询需求，索引者运行 The Graph 节点，委托人向索引者质押 GRT 通证，策展人使用 GRT 来指引哪类子图有查询价值。

### ◆ Covalent

Covalent 是一个类似 The Graph 的数据索引协议。它可以让用户快速地以 API 接口的形式调用数据。目前 Covalent 支持 Ethereum、BNB Chain、Avalanche、Ronin、Fantom、

Moonbeam、Klayth 及主流 Layer 2 网络。Covalent 既支持区块链全体数据类型，如交易、余额、日志类型等数据的查询，也支持对某一个协议的数据查询。

Covalent 最突出的特点是不需要重新建立类似 The Graph 的子图，通过改变 Chain ID 就可以实现索引。用户可以通过持有 Covalent 的治理通证 CQT 用来抵押和进行社区投票。

### ◆ Dune Analytics

Dune Analytics 提供了一个基于 SQL 查询的链上数据分析工具。Dune 聚合了海量链上数据（在其数据库中），用户可以轻松通过 Dune 提供的简单 SQL 查询工具对区块链数据进行查询、提取和可视化，它有助于用户更方便、快速地对链上数据进行查询、分析和可视化。用户可以查看由 Dune 社区其他用户创建的仪表盘，数据分析师可以创建自定义的 SQL 查询命令来获取数据，将这些查询的结果进行可视化，并进行分享。同时，分析师可以通过项目方的有偿任务和 Dune 的赏金计划来获得报酬。在这个过程中，他们构建了自己的技能简历，并发现了新的就业机会。

### ◆ Footprint Analytics

Footprint Analytics 旨在打造一个更低门槛的链上数据分析平台，用于可视化区块链数据，并梳理和集成链上数据，挖掘项目的深层数据和变化趋势。与 Dune 相比，Footprint 无须 SQL 命令来生成查询命令，用户在没有代码基础的情况下，也可以通过点击、拖曳等方式直接生成数据仪表盘。

Footprint Analytics 通过创新交互方式进一步降低了数据分析门槛，并通过对业务数据进行归类和预处理，获取了更快的数据运行速度。同时，Footprint 提供了更快的数据更新、更多链的支持、集成跨链数据和链下数据，因此具备了更优秀的用户体验。

Footprint Analytics 截图

## 3. 数据通信

如何在不同公链和应用间更好地通信是 Web3 的重要命题。

可扩展消息传输协议（Extensible Message Transport Protocol，XMTP）是一个去中心化的消息传递协议，作为 Web3 网络中的底层通信协议，XMTP 通过构建开放的去中心化网络实现加密钱包和 dApp 间的通信，成为连接社区、协议、应用程序和用户的加密原生通信协议。

XMTP 的消息以脱链的方式存储，这意味着 XMTP 可以跨不同的区块链传递消息。当前，XMTP 可以跨支持以太坊虚拟机（EVM）的公链进行互操作，因为所有支持以太坊虚拟机的链共享相同的 Etherum 钱包和地址格式，如 BNB Chain、Polygon、Avalanche 或 Optimism 等。

XMTP 设想的服务场景包括以下几种。

- 实现完成身份验证的钱包、合约所有者之间的消息传递；
- 当协议、dApp 等出现问题时，可以直接向钱包发送消息通知；
- 将项目治理提案直接发送给社区持有治理通证人员的收件箱；

- 创建一个统一的、去中心化的收件箱，提供给所有用户和 dApp 使用；
- 通过激励机制减少垃圾邮件和欺诈消息的数量；
- 对于无法证明关系的发送者收取"邮费"，并付给接收者作为收信报酬。

当用户将他们的钱包连接到客户端时，钱包会用公钥和私钥（公钥与私钥是通过一种算法得到的一个密钥对，即一个公钥和一个私钥，公钥是密钥对中公开的部分，私钥则是非公开的部分）签名，生成或检索他们的 XMTP 密钥对，从而使得用户能够在不同身份间建立安全的、不可伪造的关系。在这种关系中，只有发送方和接收方可以对它们之间发送的消息进行解密。

随着 Solana 和 NEAR（协议）等公链对 EVM 的兼容，公链间的互操作性进一步增强，XMTP 有望支持更多的应用场景，用户可以自由地将他们的身份和信息带到不同的应用程序和界面。

### 4. DID 身份

当前的互联网设施中并不存储用户的身份和状态，而是由网站和应用来发放平台内的数字身份。而在 Web3 中，用户与应用交互时需要有自己的钱包地址作为自己的链上身份编码。这个地址是由非对称加密技术在用户设备本地生成的，私钥生成的地址被作为用户的身份标记，在链上交互时将被记录在链上，以确保用户可以用统一的身份在不同网络与平台间进行互操作。Web3 通过区块链原生地址和去中心化存储特性，实现了对用户身份的确定与对状态的可追溯存储，从而将 DID 身份变成了互联网中的基础特性。

### 5. 安全审计

当前的 Web3 还处于早期的发展阶段，对网络安全和用户资产的保护是保证 Web3 发展的核心命题。普通用户往往没有能力分辨项目是否安全，所以需要专业的安全审计公司进行安全审计。一般意义上，安全审计公司主要受区块链项目委托对合约代码的安全性、规范性进行审查,给出项目的安全指数和详细的安全建议。下面我们将介绍 Web3 安全赛道的几个头部企业。

## ◆ CertiK

CertiK 是一家于 2018 年由哥伦比亚大学计算机系顾荣辉教授与耶鲁计算机系系主任邵中教授共同创立的区块链安全公司。

作为区块链安全领域的先驱,CertiK 利用目前较为先进的形式化验证技术及 AI 审计技术,扫描及监控区块链协议和智能合约的安全性,并不断推出以 Skynet 为代表的 SaaS(Software-as-a-Service,软件即服务)产品,为加密世界的企业和用户提供了较高等级的安全解决方案。随着去中心化应用的场景和资产的持续增长,这些解决方案成了保护生态系统的重要组成部分,有助于加速这些新技术的创新和采用。

安全是 Web3 互联网生态系统蓬勃发展的基础。在 CertiK 发布的《2021 年 DeFi 安全状况》中,CertiK 列举了 2021 年的 44 次 DeFi 黑客攻击,造成了 13 亿美元的资金损失,其中中心化问题是 2021 年常见的攻击媒介。2022 年则成了自 Web3 兴起以来损失最为严重的一年,光第一季度就有 82 次黑客攻击,共导致了约 13 亿美元的资产损失,是 2021 年同期的 8 倍以上。

CertiK 的使命是提高加密领域(包括所有加密货币和 DeFi 在内)的透明度及安全标准。为此 CertiK 发展了代码审计、实时链上监控,创建了可访问的教育内容,并且提供了关键的基础设施服务。为了与 2021 年获得关注的各个 Layer 1 协议区块链的发展相呼应,CertiK 安全排行榜在 2021 年年底根据链上和链下的安全分析,对 1861 个不同的项目做出了排名。

截至 2022 年 6 月,CertiK 已获得了 3200 家企业客户的认可,保护了超过 3110 亿美元的数字资产免受损失,这也将为提高 Web3 的安全性发挥至关重要的作用。

## ◆ SlowMist

SlowMist(慢雾科技)是一家专注区块链生态安全的公司。慢雾科技成立于 2018

年 1 月，由一支拥有十多年实战经验的一线网络安全攻防团队创建，该团队曾打造了拥有世界级影响力的安全工程。

慢雾科技是国际化的区块链安全头部公司，通过"威胁发现到威胁防御一体化因地制宜的安全解决方案"，服务了全球许多头部或知名的项目，已有商业客户上千家，客户分布在十几个国家与地区。

慢雾科技积极参与了区块链安全行标、国标及国际标准的推进工作，是中国首批进入工信部《2018 年中国区块链产业白皮书》的单位。慢雾科技的安全解决方案包括安全审计、威胁情报（BTI）系统、漏洞赏金、防御部署和安全顾问等。

基于成熟有效的安全服务及安全产品，慢雾科技联动国际优秀的安全公司，如 Akamai、Cloudflare、BitDefender、FireEye、天际友盟、IPIP 等，以及海内外加密货币知名项目方、司法鉴定单位、公安单位等，从威胁发现到威胁防御上提供了一体化因地制宜的安全解决方案。慢雾科技在行业内曾独立发现并公布多起通用高风险的区块链安全漏洞，得到了业界的广泛关注与认可。

2022 年 4 月，慢雾科技开源了《区块链黑暗森林自救手册》，面向 Web3 个人用户提供了系统的 Web3 安全指导。

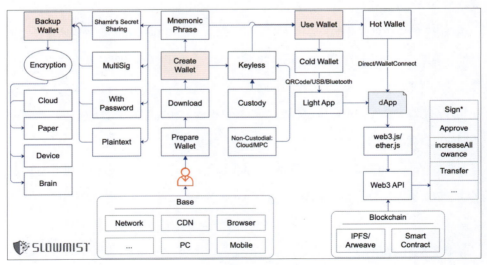

SlowMist 安全指导

### ◆ Chainalysis

Chainalysis 是为政府、交易所和机构服务的链上数据平台。Chainalysis 为全球 70 多个国家和地方的政府机构、交易所、金融机构及保险和网络安全公司提供数据、软件、服务和研究,为合规、监管和调查提供了动力,并帮助解决了一些重大的刑事案件,同时也帮助消费者安全地获得了加密货币。

在 Web3 快速增长的生态系统中,始终伴随着黑客攻击、洗钱和欺诈等恶性事件,而区块链网络中的匿名性使得这些活动难以被追踪。这是萦绕在 Web3 网络发展中的乌云,导致了监管和普通用户对这个领域的 FUD(Fear, Uncertainty, Doubt,即恐惧、不确定性和怀疑)情绪,大大降低了用户对加密网络的信任,延缓了 Web3 对当前互联网空间的融合。

Chainalysis 通过 Chainalysis Reactor、Chainalysis KYT、Chainalysis Kryptos 和 Chainalysis Data 等各种软件产品来服务机构和个人用户。这些软件可以检索和监测区块链上的活动,检测出洗钱、恐怖主义融资、儿童剥削和勒索等活动。

Chainalysis 通过与在这个领域的关键参与者(执法机构、监管机构、加密货币企业、金融机构和用户)之间建立信任,得以让该行业更快速地增长。Chainalysis 通过在多链的加密世界与合规世界之间搭建桥梁,通过数据分析补足链上监管的缺失,使银行、企业和政府能够对人们如何使用加密货币有一个共同的理解,最终帮助更多的用户和机构能够放心采用 Web3 应用。

## 6. 治理工具

### ◆ 链上投票治理

前文中我们在讲 DAO(去中心化自治理组织)的时候提到过链上投票治理。其实链上投票治理和我们熟悉的股东大会投票有点类似,组织内的成员都可以发起提案,由组织的全体成员进行投票,投票通过的议案可以在链上生效并存证,没有任何人可以伪造或篡改投票记录。

在这一领域,使用人数最多也最权威的产品之一,就是 SnapShot 这款产品。

SnapShot 是一个去中心化的投票系统，它为如何计算投票权提供了灵活性。SnapShot 支持各种投票类型，以满足组织的需求。在 SnapShot 上创建提案和投票对用户是友好的，并且由于该过程是在链下执行的，因此不会花费手续费。

在传统金融系统中，一个股份制企业的投票流程是这样的：首先由董事会发起议案，并通知所有股东召开股东大会，然后根据每个人的股份数进行投票，最后由股东大会发布投票结果。因为流程比较烦琐，整个流程和决策是相对缓慢的，而且通常只有股东大会可以发起议案，这也让这一看似民主的过程蒙上了一层雾霾。

使用 SnapShot 在 DAO 中治理投票有以下优势。

● 所有人都可以发起投票的议案。

● 根据设定的区块高度，计算发起议案那一刻所有人的投票权，且有着灵活的投票权计算方式，可以是通证、NFT 等各种权益证明。

● 所有议案的发起和投票，会在链上永久存证，且公平、公正、公开。

● 由于可以快速响应，因此也可以在不引入独裁的前提下，帮助 DAO 快速进行决策，即使提案未获得通过，也可以快速调整议案再次进行表决。

● 每个选民都可以方便地行使自己的表决权，也可以将任意数量的投票权委托给不同的代理人去表决投票。

◆ 金融交易

去中心化金融（Decentralized Finance，DeFi）是一种创建于区块链上的金融，它不依赖券商、交易所和银行等金融机构提供金融工具，而是利用区块链上的智能合约（如以太坊）进行金融活动。DeFi 平台允许人们向他人借出或借入资金，交易加密货币，并在类似储蓄的账户中获得利息。下面我们来介绍一下 DeFi 中的应用是如何运作的。

（1）自动做市商（Automated Market Maker，AMM）

在传统金融中，不管是在券商处进行股票买卖，还是在银行进行外汇和各种大宗商品的现货交易，都依赖中心化金融机构"订单簿"式的交易系统，去撮合买方和卖方的各种交易。区块链世界里的代币兑换，大多也是由大型的中心化交易所撮合交易的，如币安、Coinbase 等。在 2018 年以后的 DeFi Summer 中诞生的一批去中心化智能合约中，最核心的就是负责进行自动化代币兑换的 Uniswap，Uniswap 也是全球交易量最大的去中心化交易所（Decentralized Exchange，DEX）之一。AMM 机制是 DeFi 世界中最伟大的发明之一。在 DeFi 中，智能合约是如何实现自动化交易的呢？

① 恒定函数做市商。

恒定函数做市商（CFMM）是当前最流行的自动做市机制之一。

当交易者希望在 A、B 通证之间进行交易时，这种 AMM 会使用恒定函数作为其定价机制。"恒定函数"在此处指的是，对于两种或两种以上的交易资产，无论交易如何改变资产储备额，资产储备额的乘积都是不变的，即恒等于某个常数。

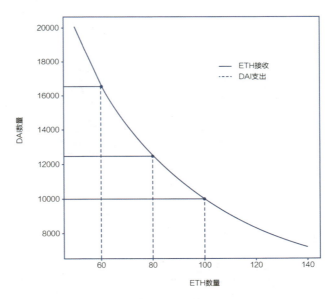

Uniswap 恒定乘积

② 恒定乘积做市商。

恒定乘积（Uniswap）做市商强制要求两种资产储备量的乘积始终保持不变，即

$$x * y = k$$

听着有点抽象，下面我们举一个形象的例子来说明恒定乘积这种 AMM 机制是如何运作的。

在某个遥远的海岛上有个村庄,村子里的主要农产品是土豆。为了丰富餐桌上的食物,村子需要定期去市场上换取别的农产品,如番茄。

有一个外来的商人,常年负责村庄的贸易,一直以来来回运输村庄里产出的土豆和外来的番茄进行交易。但由于路途遥远,这一过程过于耗时费力。有一天,这个商人想出了一个办法来自动完成土豆和番茄之间的交易,并且这个办法可以根据当下市场上土豆/番茄的供需两者之间的比价来自动调节。最初的时候,商人在船上准备了50000个土豆和50000个番茄,并且规定,土豆和番茄数量的乘积在每次兑换完成后,应该保持一个恒定的乘积K,此处恒定乘积K=50000×50000=2500000000。

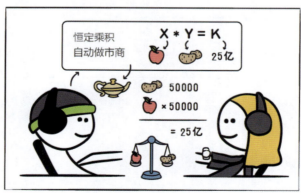

对等交换保持乘积恒定

某一天,村民来到商船上,提出把7000个土豆兑换成番茄,那在本地他用7000个土豆兑换到的番茄数量是多少呢?已知兑换以后土豆有50000+7000=57000个,根据恒定乘积模型计算，兑换以后番茄的数量为 2500000000 ÷ 57000=43859 个，由此求得 7000 个土豆可以兑换到的番茄数量是 6141 个。经过计算可以得知，为了获得一个番茄，平均需要兑出的土豆数量约为 1.14 个。

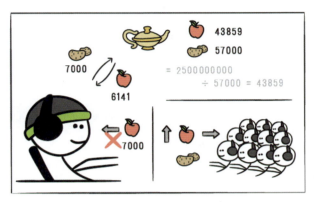

7000 个土豆兑换 6141 个番茄

如果在这个基础上，再次把 10000 个土豆兑换成番茄，经过计算会得出，兑换到的番茄约为 6546 个。为了获得一个番茄，平均需要兑出的土豆数量约为 1.53 个。由此我们会发现，随着"商船"（市场）上的土豆越来越多，番茄越来越少，要兑换到同样数量的番茄需要花费的土豆数量也会越来越多，这也体现了某种特定资源随着稀缺度的提升不断溢价的一个过程。上述例子就是简单的恒定乘积型 AMM 模型的计算过程，而恒定乘积型 AMM 模型也是目前应用最广泛的自动化做市商模型之一。

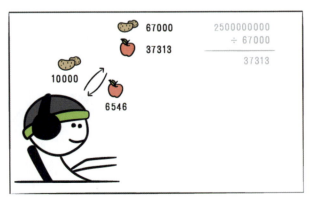

10000 个土豆兑换 6546 个番茄

### （2）借贷

资金借贷是金融提供的最常见的服务之一，传统金融中的借贷由信用与担保的概念促成。传统金融中的借贷，都是依托中心化的借贷平台存在的，如银行、券商、交易所等。这些中心化机构从储户处吸纳存款，并支付利息，同时向需要资金的个体或组织发放贷款，并收取利息。借款人在进行借贷之前会面临严格的抵押物审查、KYC（KYC 是 Know Your Customer 的缩写，即充分了解你的客户）实名认证和 AML（Anti-Money Laundering，反洗钱）审查等。KYC 会对账户持有人强化审查，了解资金来源的合法性，要求金融机构实行账户实名制，了解账户的实际控制人和交易的实际收益人，还要求对客户的身份信息、常住地址或企业所从事的业务进行充分的了解，并采取相应的措施。

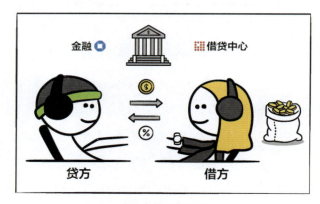

传统金融借贷流程

去中心化金融和传融金融有所不同，例如，在传统金融中去银行申请贷款需要提供各种资料，而在去中心化金融中，我们只需要一个去中心化钱包并提供抵押品，就可以在 DeFi 协议中存款或借款。

以以太坊上的 Compound 协议为例，我们只需要提供协议中认可的主流通证（如 BTC、ETH 和 DAI）作为抵押品，就可以根据协议规定的质押率，获得一个借贷上限值。只要借出通证的总价值在这个借贷上限值范围内，就可以从协议中借出任意类型和数量的通证。本质上，Compound 通过允许放贷人和借款人直接与协议交互以获得利息，而无须协商贷款条款（如到期日、利率、交易对手、抵押品等），从而降低了借贷摩擦，通过超额抵押和自动化风控及清算机制，创造了一个更为高效的点对点借贷市场。

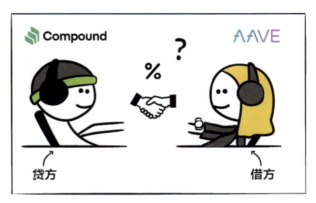

Web3 的借贷流程

那么，我们将获得（或支付）多少利息呢？不同的资产有着不同的年利率（APY），因为年利率是根据资产供需通过算法设定的。一般来说，借款需求越高，年利率就越高，反之亦然。

当我们把通证存入借贷协议后，我们的通证会立刻产生存款利息；同理，当我们借入通证后，协议也会按照实时的利率计算贷款利息。在这个过程中，抵押品和借入通证的价值，由 Chainlink 等预言机协议负责实时获取并提供给链上借贷协议。

● **抵押品升值**：如果我们抵押的资产升值，我们的抵押率就会上升，这一切正常——什么都不会发生。如果我们愿意，那么我们还可以提取更多的贷款。

● **抵押品贬值**：如果抵押品贬值，使得我们的抵押率低于贷方所要求的抵押率，我们的抵押品将会被部分变卖并由预算机协议收取 5% 的清算手续费。变卖抵押品以达到最低抵押率的流程被称为清算。

● **清算**：当抵押品的价值低于借款时，清算就会发生。这是为了确保资金提取和借入总是有超额的兑现能力，同时保护借款人免受违约风险。

# 用户用例层——Web3 的市井烟火

在 Web3 中，用户用例层要回答的问题是用户在 Web3 中可以做什么。再次将 Web3 类比为电脑，进入这一层就像打开了不同的电脑软件，可以进行银行支付、看视频、社交、玩游戏、购物等。所以，用户用例层是用户在 Web3 里操作最频繁的地方。

用例层

提供访问底层协议和基础设施层的交互界面

Web3 的用户用例层

## 1. DeFi——去中心化金融

DeFi 协议借助区块链这一信任机制，在 Web3 中重构了传统金融产品的形态，形成了以去中心化交易所（如 Uniswap、Sushi Swap 等）、去中心化借贷（如 Aave、Maker DAO、Compund 等）、去中心化期货/期权平台（如 dYdX、Opyn 等）、合成资产（如 Synthetix、Mirror Protocol、DAI 等）、预言机（如 Chainlink 等）、去中心化保险协议（如 Risk Harbor、Nexus Mutuol 等）为代表的 DeFi 生态。开放互联的特性，使得 DeFi 的不同应用模块之间可以像乐高积木一样自由组合，最大程度地促进了 Web3 金融生态的繁荣。

◆ 信用、交易、身份的变革

在以往的线上金融交易中，用户需要开通银行账户才能享受到金融服务。近年来，无论是在国际上还是在国内，不少金融机构均在普惠金融方面进行发力，力求尽可能覆盖到长尾群体，但效果并不乐观。世界数据的金融数据报告显示，2021年全球18岁以上的成年人只有76%的人有官方金融账户，仍有16亿成年人没有银行账户，无法获得正常的金融服务。但其中2/3的人拥有手机，有助于他们获得金融服务。

究其原因，主要是因为边缘人群所在地区往往经济落后、贷款需求小、个人没有信用记录和履约能力弱等，这也导致了银行无法为他们提供低成本的服务。现在，借助分布式账本技术，用户可以绕过银行，在Web3的金融应用中直接进行点对点交易，凭借链上资产抵押，获得融资借贷服务，积累信用。这样一来，这些目前被传统金融不能接受的或被忽视的长尾客户群体也能获得金融服务。

DID分布式身份为用户积累链上信用提供了可能，绑定个人钱包账户后，用户可以积累能证明自身技能的NFT，以及证明工作经历和教育背景等的SBT（"灵魂"绑定通证），来作为钱包所有者的有效历史和声誉证明。其他用户可以查看钱包中的通证资产和NFT资产，确定当前用户的身份，追溯当前用户的过往交易情况。这些基础设施可以取代以往由中央银行和企业维护的社会信用体系。SBT作为一种一旦绑定就无法交易、转移的通证，确立了用户身份的唯一性和真实性。

凭证数据项目Project Galaxy通过为Web3项目创建NFT的方式，为每个地址打上了标签，从而实现了明确、细分的用户画像标识。用户连接钱包后即可生成一张"银河护照"，证件上会根据地址的历史行为，自动贴上"认证证书"，如Uniswap交易员、OpenSea交易员等。这些凭证如同现实世界中的各种职业资格证一般，在某些特定场景会发挥价值。

Reputation DAO是一种可验证、去中心化和可编程的DeFi信用评分系统，它可以映射链下数据，如AML、KYC、传统信用评分和社交媒体数据，为Chainlink预言机、DAO、智能合约协议及其用户提供可信的中立信用服务，使个人能够在与智能合约交互时，利用真实世界的金融数据和身份，以增强对特定账户风险指标的评估，并减少抵押贷款流程。

### ◆ 金融平权时代来临

在 16 亿没有银行账户的这群人中，他们的国家大多会出现货币贬值、隐私泄露、交易成本高昂等严重问题。基于区块链的金融交易应用降低了用户门槛，凭借点对点交易、交易即结算、交易即清算、智能合约、资产确权等特性，提供了更平等的金融服务，也降低了信任和融资成本，让价值转移可以瞬间在全球范围内的任意两点间发生，实现了资产的高效流通。

基于区块链的金融交易的核心功能是去中心化的账本，它难以被单个组织、个人所控制或篡改，在区块链上的所有交易都是可验证、可回溯、可审查的，这样可以有效减少财务的腐败。区块链数字支付还具有转账费用低、授权审批简单、智能合约自动执行这些特点，可以有效地降低交易成本。区块链金融交易常见的应用场景包括供应链金融、跨境结算、资产托管、金融审计、政府支出和救济金发放等。基于区块链的金融交易能够促进金融领域的全产业链的变革，让民众、企业及政府受益，助力金融机构进一步挖掘欠发达国家和地区这些传统意义上的高风险细分市场的潜力，并促进普惠金融的推进。

基于区块链技术，银行和 DeFi 项目可以以更低廉的成本、更高效的流程服务于更多人，实现安全、即时的跨境汇款。相较于传统汇款方式，基于区块链的跨境汇款服务有很多优势：实时到账，而传统金融机构往往需要 2～3 天甚至更长时间；7×24 全天候提供汇款服务；手续费更低；全程可追溯，且个人信息被严密保护。

用户在 Web3 互联网中的信用积累是一个长期且不可逆的过程。区块链的可信数据促使企业家和金融机构搭建去中心化的金融服务平台。借助该平台，系统各成员间可进行信息共享，以了解客户，从而减少信息不对称的情况；还可以开拓业务范围，让有良好信用的用户凭借担保物或未来现金流有效获得金融服务。这些创新技术的落实，将帮我们创建高效、可信、公平、包容且充满活力的国际金融交易通证，促进社会公平和财富流动，改善财富分布不均的情况。

## 2. NFT——非同质化通证

区块链技术为数字世界提供了价值传递的解决方案,带来了像 NFT 这样的革命性的数字资产,开启了数字内容资产化的范式创新,也是实物资产与链上数字资产价值映射的最佳方案之一。

目前,NFT 在许多地方仍被译为非同质化代币,我们认为更为准确的译名应该是非同质化通证。采用通证或代币的翻译,差异主要来自对于术语 Token 在不同场合下的多重含义存在不同的认知和理解。Token 起源于计算机信息安全领域,代表拥有执行某些操作权利的对象。如 Access Token、Session Token 等,一般在计算机术语中被翻译成令牌。随着区块链技术的发展,以比特币和以太坊为代表的诞生于区块链上的加密资产逐渐为大众所熟知。这些加密资产的英文表述一般为 Crypto Token,是区块链网络中代表了一定权益的对象。因为这类加密资产具有可互换性和可分割性,所以在有些国家和区域甚至可以代替法定货币,作为金融媒质支持有价物品兑换。因此,在全球范围内,Crypto Token 也被许多人称为 Crypto Currency,即加密货币或代币。

以比特币和以太币为代表的 Crypto Token 之所以成为代币,原因在于其同质化(Fungible)的特性。"同质化"的含义为:区块链网络上产生和流转的这类资产具有完全一样的特性。比如说,在任意时刻,A 持有的 1 个比特币跟 B 持有的 1 个比特币没有任何差异;0.25 个比特币和 0.5 个比特币唯一的差异就是数量不同,没有任何其他属性的差异。同质化特性支撑了这类资产的可分割性和可互换性,加上区块链协议支持的稀缺性和便携性等属性,让这类资产成了数字货币。

而 NFT 跟这些加密代币最大的差异恰恰在于其具有非同质化特性。"非同质化"可以直观地理解为这样一种特性,即拥有该属性的对象之间没有可互换性,同时这些对象是不可分割的,因此它们在区块链网络里具备唯一性。这种唯一性和不可分割性让 NFT 与代币有了非常不一样的特性,因此我们认为,把 NFT 翻译为"非同质化代币"是一种自相矛盾的说法。那么更合适的译法应该是什么呢?

Token 在区块链领域还有另外一个翻译,叫作"通证",也源于最早的"令牌"含

义。在百度百科中，通证的释义为"以数字形式存在的权益凭证"。这里给出一种更为全面的表述，即通证是区块链上以数字形式存在的，可通过加密算法验证的，支持可信流通的权益凭证。我们认为 NFT 就是区块链网络里具有唯一性特点的可信数字权益凭证，因此更准确的译名应该是"非同质化通证"。

NFT 作为区块链网络里具有唯一性和不可分割性特点的可信数字权益凭证，其特有的唯一性特点将与之关联的权益牢牢绑定在一起，而 NFT 的链上权属关系也间接明确了关联权益的归属。另外，区块链的防篡改、可追溯的技术优势，确保了 NFT 真实可信，同样也证明了 NFT 所关联权益归属的真实性。

## 3. GameFi——边玩边赚的新玩法

GameFi 是 Game + Finance 的组合，也就是大家常说的 Play-to-Earn 的区块链游戏。GameFi 的流行源自区块链游戏 Axie Infinity，它是由越南工作室 Sky Mavis 开发的一款区块链游戏。该团队还成功部署了一个以太坊侧链 Ronin，该侧链可实现高度扩展的生态系统，几乎不存在交易费用。

为了进行游戏，玩家需要购买至少 3 只 Axie 宠物，在冒险模式中获胜之后可以获得加密货币奖励 SLP（Small Love Potions）。玩家可以使用这些代币繁殖新的 Axie 宠物，也可以在 Uniswap 或者交易所出售。除了 SLP 这个通证，Axie Infinity 还有另一个更核心的治理通证，称为 AXS（Axie Infinity Shards）。用户可以通过抵押 AXS 代币获得投票权及获得奖励，也可以使用 AXS 来参与游戏中核心的一些交互。

据 Token Terminal 数据显示，Axie Infinity 在 2021 年 8 月最高的日收入达 1750 万美元，同时 DAU（日均活跃用户数量）突破 150 万，近 30 天总收入高达 3.4265 亿美元，甚至超过了同期手游排行第一的 PUBG。在 Axie Infinity 的巅峰时期，回本周期在 40 天左右。这意味着如果你投入了 100 万元，那么 40 天之后你就能够获取 100 万元的回报，暴利的程度令人咋舌。

其实 Axie Infinity 的游戏性比大多数的传统游戏都要低很多。从玩法上来看，其游戏本质并没有多少创新，系统也是很简单的打怪升级。那么为什么大家会对这么简单的区块链游戏趋之若鹜呢？在传统的游戏中，游戏厂商具有对游戏的绝对控制权。游戏玩法和规则由厂商制定，玩家无权干涉，缺乏透明性与公平性，而且游戏数据也都储存在中心化服务器中，如果厂商要封禁玩家的账号或者删除玩家的数据，都非常容易。而区块链游戏，根据智能合约系统自动运行，由链上规则保证合约的可信度和不可篡改性，这就保障了玩家对于数字化财产的所有权。现有的传统游戏与区块链游戏的主要区别如表 3-1 所示。

表 3-1　传统网络游戏与区块链游戏区别

| 对比 | 传统网络游戏 | 区块链游戏 |
| --- | --- | --- |
| 规划 | 游戏厂商指定 | 开发者写成智能合约 |
| | 厂商可以随时更改 | 开发者无权更改 |
| 场地 | 存储在中心化服务器上 | 存储在区块链上 |
| | 厂商的中心化服务器上 | 区块链上，开发者无权控制 |
| 账号道具 | 存储在中心化服务器上 | 存储在区块链上 |
| | 所有权归属于厂商 | 所有权归属于玩家 |
| | 玩家仅有使用权 | 玩家可以随意转让、出售 |
| | 随时可以被封号 | 开发者无权封号或对玩家进行限制 |
| 账号道具 | 道具随意滥发、更改 | 道具发放按照智能合约规定进行 |
| | 道具转让须经厂商同意 | 玩家可以随意转让道具 |

当然，另外一个更重要的因素是，大多数人玩区块链游戏是因为它能带来巨大收益。Play-to-Earn（边玩边赚）就是区块链游戏最吸引人的地方。GameFi 中核心的 Play-to-Earn 模式降低了链游的准入门槛，直观的收益也形成了 GameFi 的出圈效应，吸引了大批原本对加密货币市场没有认识的玩家入场。因为即使玩家不了解区块链技术，也并不妨碍他们在 GameFi 中赚到钱。

## 4. 创作者经济

在 Web3 中，随着权力的分配从平台转移到创作者及其社区，创作者的定义正在发生变化。今天，创作者经济不再是仅由创作者为平台提供价值，而是创作者与社区直接关联的新形式。创作者不仅有机会为他们的"粉丝"提供更多价值和经济收益，而且能和社区参与到平台创造的集体价值中。

Web3 创作者经济相较于 Web 2.0 创作者经济有四方面的优势：创作者拥有对内容的控制权，能够保护原创内容，可以筛选优质内容，还能提升创作收益。

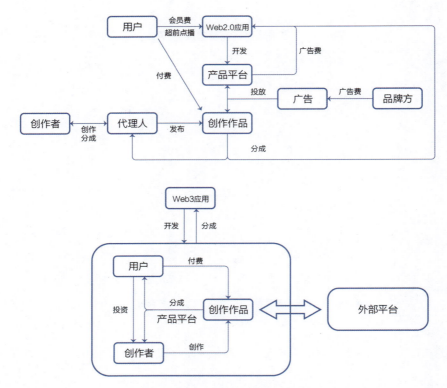

创作者在 Web 2.0 中与在 Web3 中的经营模式对比

◆ **内容控制权**

在 Web 2.0 中，创作者上传的内容都被存储在中心化存储平台，而内容传播和分发都由平台完成，创作者对其内容的使用受制于平台。在 Web3 中，创作者上传的内容实现了去中心化存储，永久上链，创作者具有对内容的所有权和控制权。创作者可以将其内容制成 NFT 进行分发，NFT 的智能合约对创建钱包地址具有一定的确权作用。

另外，因为去中心化的存储方式，不依赖中心平台，创作者也就不用担心被平台审查、删除了。

◆ **内容保护**

创作者可以将作品上传至区块链以获得独一无二的时间戳标记，这个标记可以对内容进行溯源、检索、校验。当出现版权纠纷时，只需在区块链上查验标记就可以确定内容的归属权、首创权，而且这个记录是不可篡改的。现在区块链的内容保护已经被广泛运用在司法取证、影视版权、合同签署等领域。

Web3 创作者经济与 Web 2.0 创作者经济最大的不同就是引入了区块链技术，所有内容上链并产生独一无二的智能合约地址。在 Web 2.0 平台中，经常会出现原创内容因被抄袭、模仿、搬运而造成原创者受到利益侵害的问题，这在 Web3 时代得到了解决。

◆ **内容发掘**

Web3 社交平台对用户提交的内容建立了筛选机制，主要包括平台评选、用户评选、机器人筛选等方式。平台通过以上筛选方式，会为优质内容创作者提供通证、NFT 等奖励，激励创作者提交原创、符合市场需求、高质量的内容。除了内容筛选机制，社交平台还设立了打赏机制，用户可以为自己喜欢的内容打赏，打赏资金直接发放给创作者，这会激发创作者的创作热情，有助于提升创作者的内容质量。

◆ **创作收益**

创作者可以通过工具将自己创作的内容制成 NFT 发售，从而获得收益。社交平台和内容发布平台的打赏机制、通证奖励机制，能够为优质内容的创作者提供收入。

对于创作者收益分配不公平的问题，在 Web3 时代下也会有所改观。受制于中心化平台的内容分发机制，使头部创作者分配到了大多数收益，而其他小博主的推流和收益并不理想。去中心化平台内容分发机制更加灵活，加上平台奖励机制，能

够让更多创作者享受到创作红利。举例来说，在 Web 2.0 中，内容平台通常会分走 30%～50% 的创作收入，而在 Web3 中被分走的创作收入通常为 0.5%～2%。

### ◆ 主流 Web3 内容创作平台

Web3 中最为人所知也是最重要的内容创作平台，当属 Web3 的"公众号"——Mirror.xzy。Mirror.xzy 由 a16z 的合伙人 Denis Nazarov 于 2020 年 12 月首次推出，并于 2021 年 10 月正式面向大众开放，它被认为是世界上第一个去中心化的写作平台。所谓去中心化的写作方式，简单来说就是把创作的内容转变下存储方式，即从过去存储在各个公司的数据库中的方式，变成存储在去中心化的区块链网络中。这么一来，创作者创作的每个内容都将会被贴上一个独一无二、只属于创作者的标签。创作者的内容一旦被发布，将永远地存在于某个区块链节点上。

要想成为 Mirror.xzy 的创作者，我们必须先拥有一个数字钱包，并将其与 Mirror.xzy 连接起来。因此，对于创作者来说，如果有读者愿意在 Mirror.xzy 上为其内容付费，这个费用就会直接进入创作者的钱包，而不再会被某个中间平台从中抽取提成。

除此之外，Mirror.xzy 上发布的每一篇内容都有著作权声明和验证链接，在内容发布时用户将使用密钥签名确认。创作者若把这篇文章变成 NFT，就会拥有一个 NFT 地址。这些信息都可以在区块链浏览器上公开查看，每一次内容被更改都须经由创作者本人使用签名密钥确认才能进行操作。

除了 Mirror.xzy，还有各种各样其他类型的 Web3 内容创作平台。例如，专注于音乐赛道的 Sound.xyz、全球最大的 NFT 交易平台 OpenSea、短视频平台 Chingari，等等。

### ◆ 关于内容创作的展望

随着商业模式的不断创新，创作者经济将越来越繁荣，后人将在前人实践的基础上不断颠覆旧的传统。总结下来，创作者获得激励的比重将越来越大。因为只有尊重创新的人，才能不断涌现更多创新的作品。随着技术的发展，创作者与受众的关系将在未来呈现全新的模式，社群内部的受众也可以参与到创作中，即创作者与受众可以共同创作、协同创作。创造者经济尚处于萌芽阶段，早期参与的用户肯定会因此受益。

现在很多平台还是依赖创作者来获利，但是随着越来越多的创作者经济基础设施平台的搭建，创作者将拥有更多的自主权而无须受平台和品牌方的限制。在 Web3 平台模式下，创作者将不会在任何抽取其销售额的平台上销售自己的创作。

此外，创作者也将从孤独创作过渡到组团合作。创作者之间也会有交流社群，在这里可以取长补短进行合作，未来也将会有更多的联名或合作的产品和服务出现。创作者将选择一个超级平台来管理和运营一切，包括搭建网站、销售产品、订阅邮件和搭建社群等。

### 5. SocialFi——社交关系的资产化

人类是社会性动物，天然生活在各种社会关系中。人与人之间需要相互沟通、相互协作，社会关系涉及政治、经济、文化和生活等诸多方面。社交网络是 Web 2.0 时代的核心产业和最大流量入口之一，线上的数字化社交网络形成了最短的信息传播路径，使得网络得以低成本快速壮大，由社交网络产生的社交大数据成了互联网最重要的生产要素之一，用户规模及其数据是社交平台商业模式的基础。

SocialFi 是英文单词 Social 和 Finance 的组合，即社交化金融，描述了社交平台对用户的激励和平台利益的再分配。Social 指的是社交，我们将社交场景构建在去中心化的网络上；而 Finance 则是一种金融上的激励，平台为了激励用户为平台做出贡献，加入了社交通证和 NFT 系统。

NFT 赋予了用户身份标签，平台通过 NFT 的形式为用户发放声誉凭证，它是用户拥有某些稀有社交资产的证明；通证给予了用户产权，产生的价值通过通证分配给用户，代表了用户拥有一部分互联网的能力。由于 Web3 用户对社交网络的贡献被去中心化的经济系统所量化，用户的社交资本变为了可以交易的数字资产，用户和创作者可以直接从自己的贡献及作品中获取价值。

这些数据和数字资产存储在分布式的公共区块链网络中，不是被平台的中央服务器所控制，而是由用户自身所控制。这使得用户可以在不需要平台等第三方许可的情况下，将自己的身份数据和社交资产证明授权给新的应用程序。这也带来了更广泛的内容网络，例如，NFT 平台可以直接展示用户已经在区块链网络中创建的艺术品，而不需要用户将作品重新上传到新的平台，这可以为创作者的作品带去更多的展示空间。

## 系统接入层——Web3 的任意门

与 Web 2.0 不同，Web3 多了一个更加明显的接入层。在 Web 2.0 中，我们通常打开浏览器或软件就可以开始使用各种服务，但在 Web3 中提供了更便捷的服务入口。Web3 因其去中心化的特性，在接入层增加了钱包接入、聚合接入等新交互模式，用户使用起来更加便捷。

接入层

提供了便捷使用各种Web3活动入口的应用程序

Web3 的系统接入层

### 1. 去中心化钱包

去中心化钱包是普通用户与 Web3 应用程序进行交互的核心。

在当前的金融业中，行业的标准做法是把用户资产托管在诸如微信、支付宝和银行等金融服务提供商中。这意味着，当用户想使用这些资金时，尽管用户可能有合法的提取权利，但实际上仍然需要征得这些机构的许可。银行可以而且经常会拒绝给予此类许可，而且他们拒绝的理由并不总是符合用户的最佳利益。此外，即使服务提供商真心诚意地维护用户的保管权，他们也可能会迫于其控制之外的因素而拒绝用户使用自己的资金。

例如，Coinbase 等中心化交易所提供的是托管式钱包（有时被称为"网络钱包"）。尽管此类交易所在买卖数字货币及兑换数字资产方面很有用，但当用户在使用这些交易所时，用户的数字资产仍是由交易所保管的。

### ◆ 非托管钱包

去中心化系统的出现，使服务提供商大规模提供非托管金融服务成为可能。在这种模式下，客户始终可以保留对自身资产的完全保管权，而服务提供商仅仅作为一个界面，让用户能够方便地管理自己的资产。

用户在转账支付时，常会遇到下面这些情况：当给对方转账后，App 显示要××小时后才能到账；提现时显示要经过一段时间资金才可提出；网购退货或者订购的机票退票后，被告知要×个工作日金额才能原路返回；用户每天的转账次数、转账金额也会被严格限制……这些现象实则表明用户账户上的资金仅仅是一串数字而已，而真正的资产可能已被中心化机构使用了，因此 Web 2.0 网络中的支付服务商有时无法立即响应客户资金进行流动的需求。

用户每天都能在账户上看到自己的资金有多少，但可笑的是这仅仅是一堆数据，而不是用户真实所有的。而基于区块链技术的转账支付是分布式的、去中心化的，资金不存在于中心化的机构中，而是真真实实存于用户自己的钱包、账户中。用户可以随意转账支付，不受时间、空间限制，不会被中心化机构恶意篡改和使用，也不用被中心化机构分取高昂的手续费，账户数据背后代表的是真金白银。转账支付功能是区块链技术诞生便存在的一个基本功能，既很基础又带有巨大的变革性。

去中心化钱包是非托管式的，是用户真正实现独立掌握个人资产的核心基础，是 DeFi、GameFi、X to Earn 发展的必要前提。在这一层，普通用户还不能使用任何创建的功能，除非直接通过命令行接口与计算层对话。这一层的主要功能是管理用户的私钥，并且能让用户在状态层上签署交易，而状态层上的交易会改变用户账户的状态。

因此,钱包是普通用户与 Web3 应用程序进行交互的核心。

如果用户安装了一种非托管式的加密钱包,那么首先,用户不需要获得任何许可就可以使用钱包服务。这种加密钱包没有账户审批程序,世界上任何人都可以下载这个应用程序并能够立即使用它。其次,只有用户自己可以访问自己的资金。这使得其他任何人几乎没有可能阻止用户完全按照自己的意愿使用自己的资金。

◆ 密钥与助记词

当然,巨大的权利也往往会伴随巨大的责任。由于用户是唯一可以访问自己资金的人,因此用户需要妥善管理自己的钱包。如前所述,这包括备份钱包及遵从密码管理最佳实践。

所有非托管式钱包都允许用户拥有与公共地址相关联的私钥。它通常采取的形式是一个文件或一个由 12 ~ 24 个随机生成的字组成的助记词。如果钱包没有这个选项,那么它就是托管式钱包,意味着用户不能完全控制自己的比特币。

## 2. 聚合器

在金融交易中,最重要的是资产的流动性。流动性是指资产的变现能力,反映了该资产的资金供给情况与市场购买能力。Web 2.0 中不同平台间的信息往往互相独立,通常只有类似 hao123 这样简单的导航网站会将不同平台整合到一起,但平台间信息并不流通。例如,淘宝与京东的商品信息、美团与饿了么的外卖订单、高德与百度地图的地图数据等,这些信息无法在不同平台间自由流通,更无法形成自发的交易聚合平台。

在 Web3 的价值互联网中,平台的订单协议交互信息是链上公开的,同时 Web3 账号在不同应用程序间通用。Web3 协议可以重新组合匹配不同平台间的信息流和订单流,这为聚合器应用的诞生提供了必要的基础,Web3 资产也因此获得了更好的流动性。

Web3 的聚合器应用主要提供信息聚合和交易撮合功能。一方面,通过整合不同 dApp 的链上交互信息形成数据聚合平台,为用户了解市场和做出决策提供参考依据;另一方面,聚合器在此基础上集成交易功能,撮合不同平台间的订单交易,为用户实现价格更优、速度更快、滑点更低、收益更高的交易提供服务。

#### ◆ DeFi 聚合器

Web3 网络的开放性和可组合性使得 DeFi 产品可以不断衍生，也使得不同的模块可以搭建出完整的 DeFi 生态，对于交易所、借贷协议、期权期货平台、合成资产和保险等，几乎所有的传统金融产品形态都以去中心化 DeFi 协议的形式被重做了一遍。DeFi 生态产品的复杂性使得 DeFi 聚合器有了强烈的需求，常见的 DeFi 聚合器包括 DEX 聚合器和 DeFi 收益聚合器。

#### ◆ DEX 聚合器

如果你经常做 DeFi 交易，就会面临需要在不同的 DEX 中寻找滑点最低和价格最优的交易路径，这非常考验经验并且会耗费大量时间，因为有几十个 DEX 可供选择。如果有个工具能让这一切变得更容易，为交易者自动计算出最佳兑换价格、滑点最低和流动性最好的路径，那么这个工具就是 DEX 聚合器。这类聚合器可以在各个链上的 DEX 中计算成交价格或 Gas 费（手续续），帮助用户寻求成本最低的交易，更好地满足用户的交易需求。

1inch 协议是通用的 DEX 聚合器之一，该协议从各种交易所获得流动性，并且能够将单笔交易分成多笔交易，从而帮助用户找到最好的报价，确保实现最佳交易策略。1inch 协议通过 Pathfinder 路由算法，在市场上寻找最优惠的价格提供资产交换。它能够在尽可能短的时间内，一次交互即可通过对不同市场的对比，筛选出最优交易方案，使用户节省高达 40% 的燃料费用。

#### ◆ DeFi 收益聚合器

流动性挖矿（Yield Farming）是 DeFi 领域最受关注的应用场景之一，用户可以通过质押、提供流动性，在 DeFi 平台获得挖矿激励和手续费分红。DeFi 收益聚合器则是帮助用户自动寻找收益率最高的 DeFi 农场，在不同 DeFi 平台达成收益最高的挖矿策

略的应用。

Yearn Finance 是为了满足用户投资策略自动化的协议，实现资金在借贷平台之间的自动切换，于不同的 DeFi 借贷平台间找到最佳投资收益策略。因为大多数 DeFi 借贷平台提供的是浮动利率而不是固定利率，所以该协议会随着平台利率的不断变化，资金会在不同的平台间自动转换，以实现最好的贷款收益。

Convex Finance 是一个建立在 Curve 协议基础之上的 DeFi 收益聚合协议，它旨在为流动性提供者和 CRV 质押者提供更高的回报。要了解 Convex Finance 协议的机制，我们首先要看一下去中心化交易所 Curve 的运行机制。

Curve 是一个专门为稳定币与稳定资产对兑换设计的 DEX 协议，其采用了特有的 AMM 机制，并通过调节存取的激励机制，促使资产对在资产池中的构成比例保持在 1∶1 附近，使其能在大额稳定资产对交易时依然保持很低的滑点，可以减少资产兑换损失，交易手续费低至 0.04%，因此在大额兑换时被广泛采用。用户可以通过质押治理通证 CRV 来增加挖矿收益，这部分 CRV 通证按用户的选择将被锁仓 1 周到 4 年。如果为了高收益而将 CRV 资产长时间质押，则会失去资产的流动性。而普通用户往往很难承受长时间的锁仓期限。

Convex 协议简化了 Curve 的 CRV 锁定、质押的过程，为质押者提供了可流通的 CRV 衍生资产 cvxCRV，并通过本身的协议治理通证 CVX 作为激励，在 SushiSwap 建造了 cvxCRV 和 CRV 的流动性池，将 cvxCRV 与 CRV 保持在了近乎 1∶1 的兑换比例。解决了 Curve 协议中资产流动性与高收益不可兼得的难题，用户既保持了资产的流动性，也获得了 Curve 协议的大部分质押收益分成。Convex 也通过这种方式把小资金用户汇聚在了一起，为 Curve 生态带去了新的用户和资金增量。

### ◆ NFT 市场聚合器

NFT 是 Web3 的原生数字资产类别之一，我们可以把它看作是"元宇宙中的实物资产"。在这个高速增长的市场中，NFT 交易存在以下几个痛点。

- 作为一种非同质化、独一无二的"实物资产"，NFT 只能"一买一卖"。知名的 NFT 昂贵，不知名的 NFT 廉价且流动性差，天然难以形成充足的流动性。

● 订单分布于不同的 NFT 市场和不同的公链中，不同市场间经常存在较大的价差。

● 不同市场设置了不同的交易手续费和创作者版税机制，为用户提供了不同的选择，同时也加大了用户选择的难度。

以上痛点使得 NFT 聚合交易市场成了新的用户刚需场景。NFT 聚合交易平台可以让用户在一个平台获取所有 NFT 市场的订单流和资产流，实现跨市场买卖和批量挂单，将原本分散的 NFT 流动性集中起来，满足超级大户的批量购买需求，降低交易成本，从而丰富了 NFT 资产的流动性，促进了 NFT 交易市场间的良性竞争，形成了百家争鸣的局面，为 Web3 数字资产的发展提供了良好的驱动力。

| | | 类别 | 余额 | 用户量 | 交易量 | 活动 |
|---|---|---|---|---|---|---|
| 1 | OpenSea<br>ETH · Polygon · Solana | Marketplaces | $63.4k | 310.12k<br>-13.39% | $333.44M | |
| 2 | Magic Eden<br>Solana | Marketplaces | $88.17k | 215.02k<br>+1.00% | $63.95M | |
| 3 | AtomicMarket<br>WAX · EOS | Marketplaces | $607.75k | 152.17k<br>+49.55% | $3.46M | |
| 4 | tofuNFT | Marketplaces | $16.01k | 28.19k<br>-3.48% | $2.59M | |
| 5 | Gem<br>ETH | Marketplaces | $0 | 27.23k<br>-7.02% | $42.96M | |
| 6 | Element Market | Marketplaces | $253.14 | 21.2k<br>+60.55% | $24.33M | |
| 7 | X2Y2<br>ETH | Marketplaces | $12.96 | 19.29k<br>+5.45% | $444.93M | |
| 8 | objkt.com<br>Tezos | Marketplaces | $297.91k | 18.7k<br>+7.35% | $3.75M | |
| 9 | NeftyBlocks<br>WAX | Marketplaces | $12.93k | 12.51k<br>-44.69% | $488.66k | |
| 10 | BitKeep NFT Market | Marketplaces | $1.53 | 12.01k<br>-43.21% | $2.98M | |

NFT 聚合交易平台数据汇总

### （1）Genie 平台

Genie 平台（Genie.xyz）于 2021 年 11 月正式上线，是行业首个 NFT 市场聚合器，首次实现了 NFT 批量购买和出售的功能。用户可以通过 Genie 平台在一次交易中从多个市场批量下单买卖，降低了交易成本。2022 年 6 月，NFT 聚合交易平台 Genie 平台被 DEX 龙头 Uniswap 正式收购，Uniswap 还对 Genie 平台的活跃用户进行了空投。

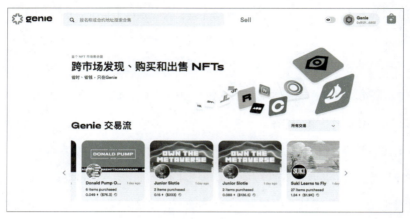

Genie 官网截图

### （2）Gem

作为一款 NFT 市场聚合平台，Gem 平台（Gem.xyz）在 2021 年 12 月 28 日上线，凭借购物车、资产组合管理、Gas 费优化及支持任意 ERC-20 代币支付等功能，为用户提供了更好的交易体验，在一个月的时间内便实现了对 Genie 平台的超越。此外，Gem 平台还首次上线了按 NFT 稀有度排序的功能，并且集成了 Dune Analytics 的数据图表，为每个 NFT 系列提供了挂单量、销售额、历史成交记录和持有人地址列表等交易数据，为用户提供了丰富的交易信息维度。2022 年 4 月，NFT 市场最大的交易平台

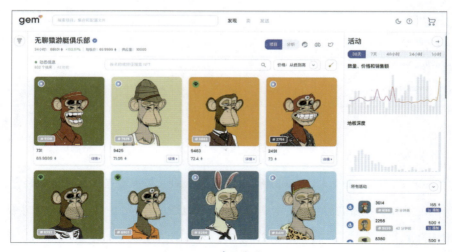

Gem 官网截图

Opensea 宣布正式收购 Gem 平台，并将在未来把其核心功能集成到 Opensea 平台中。

### （3）Element

Element 平台（Element.market）是支持 Ethereum、Polygon、Avalanche 和 BNB Chain 等公链 NFT 交易的多链 NFT 聚合市场。Element 支持针对合集出价，用户可以把不同合集的 NFT 添加到购物车进行扫货购买。Element 团队针对 ERC-721、ERC-1155 合约函数中的冗余计算进行了拆分优化，通过结合汇编语言编程对交易协议进行了深度优化，优化了订单状态的存储机制，提高了链上运算效率，从而极大地降低了交易 Gas 费消耗。

### ◆ 资产管理聚合器

如果你经常使用 DeFi 应用，比如，在不同 DEX 平台进行交易、提供流动性或者进行存款质押，那么追踪所有交易并计算收益将变成一件很困难的事情。因此，如果有资产管理聚合平台可以让你轻松地管理你的所有投资组合，那无疑会提高你的管理效率。

目前市场中领先的 Web3 资产管理聚合平台有 Zapper、Zerion 和 Debank。这些平台帮用户追踪他们在不同公链和 DeFi 协议上的资产，在一个页面中显示用户在不同 DeFi 协议中数字资产的价值总额和交易记录，并监控 DeFi 市场上的项目，以最优惠的价格买卖数字资产，管理用户的投资组合。

这些平台还允许用户追踪访问自己在其他地址的投资组合的余额、交易历史、提供流动性所得的利息、金库状态和未偿贷款等。用户还可以通过搜索某个地址，追踪监控自己的所有交易和资产，以及每个操作的佣金和利润。

例如，用户可以在 Zapper 中查看自己在 Ethereum、BNB Chain 和 Polygon 等公链的资产余额；查看自己在 Uniswap 等交易所的流动性池中获得了多少利息；查看自己在 AAVE 等平台上有多少借贷；通过兑换功能找到滑点最低的资产兑换路径并一键兑换，以减少交易数量，降低 Gas 费消耗；将自己在以太坊链上的资产通过集成的跨链桥转移到 BNB Chain 等其他公链等。

— 第 章 —

# 零基础参与 Web3

如果 Web3 只能供所谓的精英或技术大咖使用,那么注定是曲高和寡。事实上 Web3 并不是这样的,它恰恰是为每个普通人准备的。本章我们就将重点探讨零基础如何参与 Web3。通过创建 Web 身份,在 Web3 世界学习、工作、赚钱、娱乐,每个人都可以找到自己参与 Web3 的方式。

# 人人皆可参与 Web3

Web3 并非程序员或是大富翁的游戏，它正在一点点深入我们每个人的日常生活。回看 1.1 节中魏波的一天，那不是科幻故事，也并非遥不可及，它已经真实发生在我们身边。

任何新事物都有一个接受、普及的曲线：一些先锋人士率先接触、使用并且传播，随后带动愿意尝试新事物的第二波人，最后无论你愿意不愿意，时代洪水都会浸没你，这就是著名的创新扩张曲线（Diffusion of Innovation Curve）。创新者（Innovators）、早期采用者（Early Adopters）、早期多数（Early Majority）、晚期多数（Late Majority）及落后型（Laggard）是对不同阶段用户的划分，现在 Web3 才刚刚到"早期采用者"这个阶段，也就是刚由早期采用者开始使用。截至 2020 年第三季度，全球区块链钱包用户数量达 5400 万，较 4 年前的 895 万增加了 5 倍以上。但是同比之下，全球移动用户已达 52.7 亿，约占世界总人口的 67%。由此可见，这个时候接触并不晚。

人们在进入一个新的领域，最大的壁垒就是认知。在认知方面，人很容易被过去的知识、经验束缚，本能地抵触新的事物或者简单归因为过去某种判断。在没有深入了解的情况下，很容易人云亦云，凭借一些零星的资讯就断然给一个新生事物下结论。这是人在进化过程中的一种自我保护行为，这在重视经验、维护稳定的情况下也阻碍了我们创新性的思维。很多人都听说过 Web3，但大部分人并没有花一点时间好好搜集资料、读一本书、参加一次研讨会，好好认识和理解 Web3。如果你这么做了，你就会发现，在 Web3 里，过去所有的技能都可以用得上，而且这会是一个全新的模式，不再会被其中拗口的专有名词吓到。当看见区块链、公链、元宇宙、NFT 这些词时，你不再心生隔阂，相反，你会思考，"我"可以在其中做什么？

参与 Web3 有一个非常简单有效的方式：在一个方向上叠加一个技能。

利用这个方式，结合自身的资源、特长、兴趣，选定一个方向后了解、学习、研究、参与并坚持下来，你会很快成为这个方向的专家。比如，你文笔比较好，擅长写作，那么你可以考虑在 Web3 的内容创作平台 Mirror 上创建一个账户，选定一个方向（如 NFT）后开启写作。在这个过程中你会发现，需要创建和使用钱包、转账和支付 Gas 费、为文章创建 NFT 或众筹收款等基本操作。在完成一整套流程后，你已经开始在 Web3 中开创了自己的事业——创作者经济。Web3 中的创作在形式上与 Web 2.0 中的自媒体创作没有区别，然而在版权归属、收益分配、内容控制与审查等方面，都有巨大差异。

如果你够勤奋、有才华，你就可以很快吸引到一些铁杆"粉丝"，并且可以在这个平台上获得多种多样的收益。比如你可以参与官方精选文章激励计划"Mirror Reflection Awards"，这样你就会获得一个平台通证。你也可以通过发起众筹、出售文章 NFT、发起拍卖等多种方式在这里获得收益。

Web3 的概念非常宽泛，你可以在其中工作、学习、娱乐。它并不是一个高深、难以理解的理论概念，相反，它会在无形之中落地到我们的实际生活。在 Web3 中你不一定需要去创造一些什么，成为体验者、使用者也是一个很好的参与方式。在其中，你可以体验到和之前一样的用户用例层的应用，如看视频、听音乐、玩游戏、社交、购物。Web3 与 Web 2.0 的相同之处是在满足用户需求层面都是一样的逻辑，不同之处在于底层的经济模型或者说是利益规则。同样是写作，在 Web3 中你所有的知识产权都归于自己，没有人可以删除你的内容、售卖你的内容，你可以获得 100% 的利益；同样是追剧，在 Web3 中你不需要额外付费去解锁其他平台中的高清、超高清或者蓝光模式，而且还可以获得深度参与内容的机会。真正的 Web3 服务是为每个普通人准备的，它的目标是所有人，而非一群技术精英。

第 4 章　零基础参与 Web3

## 如何经营自己的 Web3 身份

前面我们已从交互方式上讲解了 Web3 所有承载的价值都由用户自己创建和维护，简言之就是，我们需要自己经营自己的 Web3 身份。这个身份是我们在新世界的护照，它借由"灵魂"绑定的不可转移的通证实现，我们可以成为自己想成为的任意角色，然后加入自己感兴趣的 DAO。

### 创建数字身份

从广义上说，身份（ID）是指人的出身和社会地位。而身份标识方式是用来验证一个人的身份的手段，在不同的地点、时期和应用环境中，身份标识方式是不一样的。但总体而言，大多数身份标识方式都会记载所有者的详细个人信息。现代的身份信息通常包括个人身份、社会（或关系）身份及社区身份。每类身份都表现出不同的特征和行为模式。

Web3 身份，指的就是我们在 Web3 中可用来界定自我主体的一组特征或者属性，包括个体、声誉、交易、权益等。那么，我们该如何创建与经营自己在 Web3 中的身份呢？

首先，我们需要安全的加密钱包来构建自己的链上"简历"，如以太坊钱包。有了以太坊钱包，我们便可以参与、经营 Web3 中的绝大多数活动，这足以证明我们是加密世界的"原住民"。在不久的将来，它可能是我们在某个加密私募基金或 DeFi 项目

中开启职业生涯的敲门砖。如果我们真的在寻找一份加密领域的工作，那么准备一份拔尖的链上简历将是非常重要的。

我们的目标是打造自己的链上简历，并培养相关的技能。技能需要从入门过渡到高阶。最后期望达到的效果是，在不断拓展的 Web3 生态中获得无限的职业机会，这其中，NFT、DeFi 和 DAO 是较为重要的指标。我们在链上的数据越活跃、经验越丰富，链上简历也就越优秀，也就会成为一份不需证明的链上简历。我们需要做的，只是使用 Web3，其他的一切都会自动呈现在简历上。

如果深入了解 Web3 生态系统，也就是我们进行了充分的准备，那么我们在这个过程中获得的专业知识将在未来变得非常有价值。深入这个领域，我们不必草拟一份关于工作经历的简历，也不必向数十个组织海投邮件以期待回复。在加密世界里，我们的以太坊钱包就是我们最好的简历。如果我们能正确地使用自己的钱包，那么它就可以让我们获得非常可观的潜在福利。

每一个公链也都有它们专属的钱包，这里的钱包有一个共性，那就是都被叫作去中心化钱包。它是区块链世界中的基础设施，与比特币一起诞生，离开它，我们就没办法与区块链进行交互。它与中心化钱包最大的不同在于，中心化钱包存的是资产，去中心化钱包存的是私钥。私钥是由一串数字和字母随机组成的，也就是说，我们的钱包是一个非托管钱包，真正的资产存在于区块链上，钱包只是保险箱的钥匙。

常见的数字钱包是 MetaMask，也被称作小狐狸钱包，它是目前 Web3 中用户量最大的钱包，也是进入大多数公链的关键入口，Polygan、BNB Chain、Harmony、Fantom 等任何兼容以太坊虚拟机（EVM）的公链都可以使用 MetaMask。在 EVM 领域，还有一些用户量比较大的钱包，如 imToken、Math Wallet、Token Pocket 等；在非 EVM 领域，我们比较常用的如 Solana 生态的 Phantom 钱包、Aptos 生态的 Martian 钱包、Flow 生态的 Blocto 钱包，等等。有了相应的去中心化钱包，我们就拥有了进入该公链的钥匙，剩下的事情就简单多了。

Web 1.0 时代最早打开网站需要记 IP 地址，后来才出现了域名。通过网站域名系统（Domain Name System，DNS）将域名和 IP 地址相互映射，人们可以更方便地访问互联网，而不用记忆能够被机器直接读取的 IP 地址。1985 年 1 月 1 日，域名史上第一个域名 nordu.net 被注册，1985 年 3 月 15 日，Symbolics 公司注册了历史上第一个 .com 域名。域名大大降低了人们接入互联网的门槛，我们不再需要记录一串数字，只需要打开类似 https://www.baidu.com（百度）这样的域名就可以访问相应网站。很多用户的习惯是域名也不记录，想去哪里就在百度里搜索或者是从导航网站直接访问。

回到 Web3，数字钱包的格式是一串很长的无规则数字，比 IP 地址更加复杂、几乎无法被人脑记忆。比如，0xb577246d6191d7E782F284Bdd9d8B0836b1CB628 这个地址就是一个 inverseLabs 的钱包地址，这么长的地址有这么多数字，字母还区分大小写，想要记忆下来太难了。这个时候我们就要引入区块链的域名系统，和网站域名系统类似，Web3 也有自己的域名系统，使用范围最广的是基于以太坊的 ENS 域名。当然，每个公链也各自有属于自己的域名。

ENS 是以太坊生态的专属域名，从广义来说，ENS 域名是被记录在 ENS 系统当中的域名。ENS 系统类似于传统域名的 DNS 系统，不同的是，ENS 系统会将 .eth 域名解析为以太坊地址。从狭义上来说，ENS 域名目前指的就是 .eth（以太坊）域名。ENS 域名更像是以太坊当中的一个数字 ID，帮助用户更便捷地寻找到加密钱包的账户，更快速地完成对加密钱包的访问、支付及转账。但 ENS 域名目前仅支持对数字货币地址的解析，难以连接传统的信息互联网和区块链底层，局限性相对比较大。通过 ENS 可以将 0xb577246d6191d7E782F284Bdd9d8B0836b1CB628 这个地址绑定到 inverselabs.eth 这个域名上，在需要转账、交互的时候，我们只需要输入 inverselabs.eth 就可以替代那一长串数字地址。

区块链最大的特点是"去中心化"，而区块链行业当中的 ENS 域名也是如此。传统域名由注册局进行管理，用户通过中介机构（域名注册服务商）进行注册。若是域名未及时续费或是出现其他情况，那么域名则可能会被收回。而 ENS 域名的注册和管理则不依赖域名服务商或注册管理局，完成 ENS 域名的注册后，ENS 域名会被保存在私有加密货币钱包当中，服务商及注册局无法主张对 ENS 域名的所有权。这也意味着域名持有人能够直接控制 ENS 域名，不需要担心域名被托管中心删除，或者出现无法

进行域名转让的情况。

创建数字钱包、绑定域名后,我们就可以通过公开的钱包来参与各类Web3活动,从而为以后准备好一份原生的加密简历,打造良好的身份声誉。这样做的好处如下。

- 创建自己的Web3技能树,以便掌握所有必要的知识,在新的DeFi、NFT和DAO出现时快速学习并适应它们。
- 通过在早期参与各类dApp来获得利润丰厚的通证空投。
- 收集可能在未来有价值的数字收藏品NFT,并体现自己的"策展技能"。
- 在Web3项目中寻找职位或在DAO组织里工作。

从严格意义上来讲,Web3的身份并非创建而是经营。通过创建、使用数字钱包就可以进入Web3世界,体验更多层级的应用服务,体验的过程就是积累的过程。如果你对NFT非常关注,那么你可以通过交易、持有NFT成为这个领域的专家或资深交易者;如果你热衷于金融服务,那么你可以体验不同的去中心化金融产品,积累交易信用;如果你是一个艺术家,那么你可以通过在Web3中进行创作,从而积累个人的数字经验。所有这些证明都是公开在区块链上的,因此如果你知道了一个人的钱包地址,那么大致上就可以判断出这个人的许多属性。

如何用钱包来定位或者是绑定现实世界的角色呢?这个问题就回到了第1章提到的"灵魂"绑定。"灵魂"绑定的核心是需要"灵魂",散落在Web3世界的每一次交易、每一次授权、每一次收藏、每一次创作,都会累计并构成你的Web3人格,并永久记录在线。

## 加入一个DAO

前文我们已经跟随魏波初步了解了什么是DAO,以及在DAO里工作的情形。伴随着近两年的新冠肺炎疫情,全球范围内掀起了远程办公的浪潮,随着科技的发展,也许以后去办公室工作将会成为一种非主流的工作方式。其实这并不奇怪,人们走进办公室工作至今不过几百年的历史,在人类漫长的历史长河中,起初并没有办公室这个概念，没有需要在上午几点到下午几点去到一个固定的地方和固定的人开展生产活动的使命。第一个"工作空间"大约出现在 15 世纪，是欧洲制作书籍的地方，修道士和修女创造了"Scriptorium"，字面意思是"写作的地方"，是一种专为复印手稿而设计的小隔间式办公桌。1726 年，伦敦前海军部大楼被认为是第一座现代意义上的办公室，后来东印度公司在伦敦建造了东印度大厦作为公司总部，处理日常工作事务，这种新型办公室开始在伦敦各地流行起来。

我们讨论的 DAO 并不等于远程办公，远程只是最表面的形式，在底层，工作性质已经完成了巨大的转变。

DAO 是一种与全球志同道合之士共同工作、安全有效的方式，我们可以将 DAO 视作由成员集体所有和共同管理的互联网原生企业。DAO 拥有内置资产，未经该组织批准，任何人都无权动用。DAO 通过提案和投票来决策某件事，以确保组织内的每个人都有发言权。在这里，不会有仅凭心血来潮就随意授权支出的 CEO，也不会有徇私枉法操纵账簿的 CFO。在 DAO 中，一切行为都是公开的，有关开支的规则都会通过代码被编入 DAO。

从科技元素的角度看，DAO 更像是一个全自动的机器人，当它全部的程序被设定完成后，它就会按照既定的规则开始运作。值得一提的是，在运作的过程中，它还可以根据实际情况不断自我维护和升级，通过不断的自我完善来适应周围的环境。

与他人共同创办涉及资金的组织时，需要对合作对象高度信任。不过，显然我们很难相信互联网上素不相识的人。通过 DAO，我们不再需要相信组织中的其他人，只需要相信 DAO 的代码就够了。它是 100% 公开透明的，任何人都可以验证。这为全球合作和协调提供了许多新机会。智能合约是 DAO 的核心，合约界定了组织的规则，并且管理组织资金。一旦在以太坊链上启用合约，除非表决通过，否则任何人都不能修改规则，任何违背代码规则和逻辑的行为都将会失败。由于资金库由智能合约定义，因此任何人都不能未经组织批准而挪用资金，这意味着 DAO 不需要集中管理机构。如果组织共同做出决定，付款就会在投票通过后自动获批。之所以能够做到这一点，是因为智能合约一旦在以太坊中生效，就无法被篡改。在 DAO 中一切操作都是公开的，只要修改

代码（DAO 组织规则）就会被发现。让我们对比一下 DAO 与传统组织，如表 4-1 所示。

表 4-1 DAO 与传统组织对比

| 去中心化自治组织（DAO） | 传统组织 |
| --- | --- |
| 通常是平等的，并且完全民主 | 通常等级鲜明 |
| 需要全体成员投票才能实施更改 | 可能由部分人进行决策，也可能投票表决，具体取决于组织结构 |
| 不需要可信的中间人就可以自动计算投票、执行结果 | 如果允许投票，则在内部计票，投票结果必须由人工处理 |
| 以去中心化方式自动提供服务（如分配慈善基金）不受人为操纵 | 需要人工处理或自动集中控制，易受人为操纵 |
| 所有活动公开、透明 | 活动通常秘密进行，不向公众开放 |

参与 DAO 治理有很多模式，我们可以根据投票资格简单分为基于通证和基于份额两种类型。基于通证意味着所有人享有均等的投票权，只要你持有 DAO 治理通证即可参与治理；而基于份额则表示投票权的大小与成员持有的份额有关。我们在选择 DAO 的时候可以根据自己的目标设定来选择。

## 1. 基于通证

基于通证的 DAO 通常无须许可，投票方式往往取决于用户使用的通证。这些治理型通证大部分可以在去中心化交易所进行无限制交易，其余部分要通过提供流动性或者进行工作量证明才能赚取。无论以何种方式获得通证，只要持有通证就可以参与投票。基于通证的 DAO 通常用来管理广泛去中心化协议或通证本身。知名案例如 Maker DAO，我们可在各大去中心化交易所找到 Maker DAO 的通证。因此，任何人都可以购买针对 Maker 协议未来的投票权。

## 2. 基于份额

基于份额的 DAO 通常拥有更多权限，但仍然相当公开、透明。任何潜在的成员都可以提交加入 DAO 的申请，通常以通证或工作的形式提供有价贡献。份额直接代表投票权和所有权，成员可以随时带着资金份额退出。这种类型的 DAO 通常用于联系更紧密、以人为中心的组织，如慈善机构、工人团体和投资俱乐部等，也可以用于管理协议和通证。

DAO 在 2022 年如雨后春笋一般不断涌现，如果你是一个 Web3 新手，那么推荐你从 DAO Central 开始学习、寻找。这里收录了超过 10 个类型、160 多个 DAO，涵盖了投资、社交、教育、媒体、科学研究、服务等领域，非常全面。我们有很多方法可以参与快速发展的 DAO，比如，关注自己喜爱的各大公链上的信息，找到他们的社区（如以太坊社区），然后加入他们的 Telegram（电报群）、Discord 社区，参加一个活动、加入一个聚会小组、为一个项目做贡献，或者参加一个关于以太坊的在线论坛，等等。

DAO Central 界面

> **加入 DAO 的 小技巧**
>
> 加入 DAO 有以下几种方法可供参考：
>
> ☆找到自己想加入的社群，并与其他的爱好者一同加入社群；
>
> ☆加入在线社区，参与 Web3 的黑客马拉松、在线会议和各种各样的线下活动；
>
> ☆在加入之前：根据自己的专业背景和技能制定一份为项目出力的方法列表；
>
> ☆主动联系项目寻求合作，如启动项目和寻求项目资金。

除此之外，我们还可以为自己喜爱的社群贡献自己的力量。比如，去 GitHub 上进行投票和捐赠，帮忙处理问题，帮忙翻译网站，帮助数千名开源贡献者保持网站信息的准确性和持续更新，真正地做到去中心化自治和集众人的力量解决众人的问题。当我们需要帮助的时候，除了官方的帮助，我们还可以在 Web3 中寻求无数个社群的帮助。

去中心化的应用程序是在一些公链（如以太坊）上构建的应用程序，这些应用程序正在打破传统，构建新的商业模式。

通常我们可以在 DAO 里找到一份"工作"，套用前面的知识，找出自己的技能树，选定一个方向，然后找到一个合适的 DAO，直接在社区寻找招募成员的信息，申请加入即可。通过加入 DAO，我们可以快速熟悉 Web3 并逐渐锻造生存的能力。每个人都有账单需要支付，在这里我们可以找到有意义的"工作"，在通过分布式工作获取高额的报酬的同时，还可以发挥和实现个人价值。现在就立即行动，选择加入适合自己的 Web3 社区，参与其中的经济生产活动，或者参与投票、捐赠与治理社区，为 Web3 的繁荣和经济壮大贡献自己的力量。

> **要点速览**
>
> 立即行动，打开网站，选择一个自己感兴趣的 DAO，了解并加入 DAO 的讨论小组。然后在主聊天面板发言，询问如何参与 DAO 的工作。

## 4.3 如何在 Web3 快速学习

当我们进入一个新的领域，自然需要学习该领域的专业知识，提升自己的专业技能，所以，我们需要花时间和精力来提升自己。在 Web 2.0 中，我们一般需要付费进行学习。那么有没有可能，我们在花费了时间学习知识的同时还可以得到一定的经济回报呢？在 Web3 中，Rabbithole 给出了一个全新解决的思路，那就是 L2E（Learn-to-Earn，边学边赚）模式。

L2E 是一种新的教育模式，在这种模式下，我们不是付费来学习，而是因为学到了一定的技能可以得到报酬。在这种全新的模式下，当我们学习的知识、获取的信息和提升的技能可以为我们带来直接收益的时候，学习的成本被预期的收益所覆盖，一个正反馈循环就开始了。Web3 降低了准入门槛，一个普通人也可以很快成为 Web3 居民。

Rabbithole 通过游戏化的思维，将每个去中心化的应用分解成游戏任务，积极引导用户参与前沿的教育资源和协议，提升用户在 Web3 世界的操作技能，用户的链上行为将获得认证及通证奖励。

在 Rabbithole 上，新项目会为技能学习的任务者付费，从而激励用户在项目早期完成链上的特定交互。用户完成这些操作后，将获得项目方和 Rabbithole 给予的一定的通证奖励，从而会有持续的动力去探索不同生态上的应用。而用户通过在 Rabbithole 上完成不同的任务，可以学习不同的知识和技能，比如使用 Zora 学习铸造 NFT，通过使用 Gnosis Safe 学习设置 DAO 多人签名，通过使用 ENS 学习注册和管理 Web3 域名，等等。通过学习这些实用的技能，用户可以更好地探索和适应 Web3 世界并且从中获得更好的收益回报。

L2E 这种模式其实是一个双赢的选择。对于项目方而言，可以在项目的早期阶段获得渴望参与协议和社区治理的优质用户，扩大用户群体。项目如果拥有更高质量的参与者，这相较于传统方式将会是一种比较精准的宣传方式，能够降低获客成本。对于用户来说，既学习了 Web3 领域当下的热门项目，可以获得证明自己掌握核心技能的认证，又可以获得项目方和 Rabbithole 给予的通证奖励，同时还有获得项目方空投的可能。举个例子，用户通过"注册一个 ENS 地址"这一个任务就获得了价值约 1.75 万美元的空投奖励，是不是很不可思议？虽然说像这么大的空投不是经常有的，但它成为一种可能后，用户就会趋之若鹜。而 Rabbithole 将两方联系起来，获得收益分成的同时也积累了一定的流量。

想象一下在 Web3 的世界：我们在获取信息、学习知识和提升技能的时候，还可能因为获得了大量的项目方空投而致富；又或者是在面试的时候，我们的 NFT 徽章和链上身份信息，将形象化地展示给 Web3 的雇主，我们可能会因此而被当场聘用。

通过管理以往的链上活动信息，Rabbithole 正在为未来的工作创建链上简历，并成为在 Web3 中寻找贡献者和发现工作的最佳场所，以及能为加密项目找到适合他们协议的最佳参与者，并轻松地引导用户进入他们的社区。以 Rabbithole 为代表的 L2E 模式将在一定程度上取代那些线下的培训证书，并在很大程度上可能成为一种新的教育潮流。

# 4.4 如何在 Web3 中赚钱

很多人接触 Web3 都是被巨大的赚钱效应所吸引，本节我们将从创造者、参与者两种不同的角色入手，探讨如何在 Web3 中赚钱。目前，Web3 还处于早期阶段，开发者是这个阶段最大的红利获得者，通过在 Web3 中创业将有机会获得巨大收益。即便是作为参与者，也有可能开始新模式的职业生涯。

## Web3 创业方向如何选

随着比特币、以太坊等加密货币掀起热潮，人们开始关注去中心化、用户拥有权益。与此同时，一个更为庞大的概念"Web3"也逐渐进入大众的视野，并于 2022 年引爆融资潮，这也意味着当下的 Web3 领域有很多商机，尽管 Web3 方兴未艾，但其基础设施仍待完善，其数据价值也远未呈现，Web3 的商业模式也亟待确立。要想在 Web3 这块肥沃的土地上耕耘收获，就必须先立足 Web 2.0 背景，灵活运用 Web 2.0 商业模式的关键——用户、流量与数据。参照第 3 章的 Web3 技术堆栈分层，我们将尝试从两个层级介绍如何在 Web3 中创业掘金。

对创业者来说，在 Web3 中的探索有两个方向：协议层和应用层。开发协议层项目就是建设 Web3 的基础设施，如做公链的以太坊、Layer2 的扩容解决方案 Optimism。相对来说，应用层的开发更简单丰富，通常以 NFT、游戏、DAO 等为主题，为用户提供访问交互的平台，就像 STEPN 允许玩家通过跑鞋分享自己的运动状态并获取收益，

Mirror 帮助创作者发布并传播文章，创作者从中获得打赏收益等。

## 1. 协议层项目

2008 年，在全球经济危机的背景下，中本聪发布了比特币白皮书《比特币：一种点对点的电子现金系统》，设想了第一个不依赖政府进行交易的去中心化货币，并于 2009 年搭建起比特币网络——世界上第一条公链，比特币因而正式出现，这也是第一代区块链网络的象征。由于初期区块链网络的建设只局限于对比特币网络的支撑，支持专门的金融应用，因此可用的应用程序很难开发。

为了解决这个问题，程序员 Vitalik Buterin 开发了以太坊项目，提出了可编程货币，允许用户按照自己的意愿开发去中心化应用程序，区块链也因此能创建任何东西，而不再是只能交易数字货币的账本。以太坊在公链的历史上具有重要意义，标志着第二代区块链网络的出现，并繁衍出公链生态。基于区块链与智能合约结合的理念，以太坊发展出了基建、钱包、预言机、DeFi、NFT 等矩阵，推动了以太坊生态蓬勃发展。

然而，以太坊在取得了巨大成功的同时，也暴露了许多问题：网络拥堵、Gas 费用高昂等。在此背景下，出现了 Layer2 解决方案用于提升网络性能，同时许多新兴公链概念开始抓住机会崛起。目前，协议层项目的开发主要面临三个方向：选择一条公链，围绕该公链生态做建设；提供跨链服务；另辟蹊径。比如，Optimism 是一种以太坊 Layer2 扩容解决方案，提供了一个能运行任何以太坊智能合约的架构，同时可以显著降低 Gas 成本。在以太坊性能受挫的情况下，Web3 进入了多链共存的时期，也急需各类跨链服务工具来架起不同公链生态之间的桥梁，Polkadot 就是其中一个具有无限潜力的项目，致力于沟通不同区块链的数据信息。

另辟蹊径这条路有多样的可能，例如，相对小众的 WAX 专注于 NFT、dApp 和视频游戏，简化复杂的 NFT 购买流程，为用户提供舒适的 NFT 及链游使用体验；CUN 则是目前以太坊技术路线追随者中少有的提出在主链共识层进行升级的网络，是一种 Layer 1 方案的演进，甚至被视为新以太坊。

协议层项目的开发门槛极高，首先要拥有过硬的技术能力，能深刻理解公链生态系统的基本要素，其次要能获得优秀 VC（风投）的青睐与支持，虽然成功率较低，但回报极高。

比特币诞生后，涌现了许多竞争币。大多竞争币只是简单模仿比特币，最终都被时间淘汰。只有像以太坊这样真正立足区块链发展问题的项目才能经受住考验。另外，令人瞩目一时的 Terra 虽然借助算法稳定币的概念辉煌一时，但不幸陷入"死亡漩涡"，经过多方势力的拼命挽救，最终仍然消失在众多公链之中。此外，由于 Web3 的去中心化理念和国内的政策背离，我国暂不允许进行 Web3 相关的商业活动，如运营交易所、发币、挖矿等，因此要想进场做协议，需要寻求更多的解决方案。

## 2. 应用层项目

Web3 无疑是离我们最近的一次重大的技术变革，势必会孕育出一批新兴的消费技术公司，并深刻改变我们的生活方式。这几年在资本的推动下，所有的应用与服务的基石正逐渐转向 Web3，未来将会有越来越多的人涌进 Web3 市场。据 Crypto.com 对全球加密用户数据的研究，截至 2021 年 12 月，加密货币用户已达 2.95 亿人。有人说，Web3 的今天相当于互联网的 1993 年。所以现在是创业做 Web3 应用的好时机。虽然现在的 Web3 应用可用性极差，用户学习成本高，要做一个应用，不仅要拉拢用户，还要教他使用钱包、签名交易，等等。但不可否认的是，如果成功了，就有可能成为下一个谷歌、亚马逊。要想在 Web3 领域长久立足，就要建立一个持久的加密货币品牌，要吸引主流用户的注意，并满足他们的各种需求，同时推动产品的重复使用和用户的持续参与。

下面我们简单介绍一些当前业已出现的应用类别，以及其中可能出现的消费者产品建设的机会。鉴于 Web3 世界日新月异，也许半年后人们还会重新定义这些类别。

**（1）激励创作：创作者工具公司**

未来的 Web3 世界中，人们将拥有管理和控制自己创造的数据价值的权利。但作为创作者单体，需要一种应用工具来获取创作收入。例如，参与者可以通过设计创作者工具，帮助创作者将个人品牌通证化，将"粉丝"社区变成资金后援团。这类工

具在创作者领域非常多,比如激励创作者写作的 Mirror、帮助音乐人出售音乐制品的 Royal 等。

**(2)金融交易:商业、NFT 市场**

NFT 是 Web3 用户参与消费的重要媒介,它将和加密货币资产一起成为未来 Web3 生活的必需品,因此,NFT 等资产的交易也必不可少,由此将会衍生出相应的市场。在金融交易方面,Web3 需要建立起具有世界级信任、安全和保障的平台来交易各类 NFT,乃至不同平台的通证、加密货币资产。用户都希望能在一个市场里找到自己想要的那款 NFT,也期待最便宜的价格。类似的需求还有很多,NFT 市场还有很多创业机会等待挖掘。

**(3)身份接口:钱包、连接、社交网络**

钱包是进入 Web3 世界的钥匙,就像现在没有手机号和邮箱就无法上网一样。但目前 Web3 钱包的用户体验效果欠佳:创建一个钱包需要记一长串助记词,为了防止被盗,不能将其存放在联网的地方,还要做好备份记录,这会增加很多困难。此外,在交易过程中还要支付一堆手续费。因此,这对于 Web3 走向大众化是一个巨大的障碍。

当 Web3 日渐成熟,人们对信息传递的需求也会与日俱增。例如,想购买同类资产,想认识志趣相同的人,想探讨一些话题。但在现在,我们只能知道钱包地址,却不能给钱包主人发一句"Hello"。XMTP、Dialect、Waku 和 Satellite 等公司正在开发能够实现这一目标的核心基础设施,而 Blockscan、Metalink 和 Mailchain 等公司正试图在应用层方面实现链上消息传递。存放并管理个人身份信息和链上活动,也就是存放并管理个人的数字身份档案,同样是人的社会活动需求。尽管目前尚未出现最佳解决方案,但一些初创公司已有所行动。例如,POAP 将为用户生成 NFT,展示如会议、音乐会等的参与记录;Entre 可以存放职业档案与关系网络;ENS 简化了冗长复杂的钱包地址,采用了易记的域名作为钱包地址。

**(4)社会活动:游戏、元宇宙**

Web3 可以带给游戏最好的加成:沉浸式体验和物品所有权。在 Web 2.0 时代,很多游戏会面临这样的问题：明明游戏装备是玩家花费时间和精力打造出来的，但装备属性却会因为游戏环境的变化等原因被游戏开发商任意改动；假如游戏公司倒闭，那么游戏里的一切就和玩家再也没有关系了。加密货币使得玩家不但能投入游戏世界，而且真正拥有了支配游戏道具的能力，提升了游戏的潜能和效用。对于这类游戏，目前有相当多的品种正在运营，如 NBA Top Shot，这是一款以 NBA 球星为主题的卡牌游戏。

然而，单纯的游戏只能创造有限的价值，人们的生活并不只有虚拟世界。为了让玩家能通过游戏赚钱，联通游戏和外界，链游 Axie Infinity 提出了 P2E（Play to Earn，边玩边赚）的玩法，利用通证激励和 NFT 风靡东南亚。但随着各种 P2E 游戏爆发，这种玩法被滥用后陷入增长瓶颈。接着，有的开发者尝试替换场景，将"Play to Earn"抽象为"X to Earn"，即应用到任意场景。STEPN 就是其中一个成功的产物，可以将其理解为"Move to Earn"，可以通过跑步运动赚取奖励。

相较于协议层项目，应用层项目的可扩展空间更大，潜力无穷。我们可以在上文所列的四个主要类别中择一钻研，比如钱包，因为钱包相当于 Web3 世界的身份通行证，不过它目前有很多功能欠缺，如交流互动、个性名称、私人档案展示等方面还不那么完善。研究协议层项目，也可以尝试跳出既有类别的限制，将多种不同元素结合起来，就如 STEPN，它同时具备了 GameFi、SocialFi 的特质，成了一款现象级产品。

虽然应用层项目的开发机会很多，但也不能一概而论。像 NFT 市场、钱包等类别的发展比较成熟，已有相应的品牌产品占领了大量市场，如 OpenSea、MetaMask，这也意味着这条路很窄。而社交网络、游戏、元宇宙等新型应用类别则仍处于大乱斗的状态，虽然看不清未来的具体发展方向，却处处都可能是康庄大道。

此外，应用层项目虽然成功率较低，但入门门槛也很低，参与难度也相对较小。

协议层项目成功率低是因为需要硬核技术，去解决实际的底层问题。而关键的硬核技术可能只有一行代码，却有成千上万项目争相复制。但现实不需要那么多复制品，只需要能脚踏实地解决各种复杂问题的项目，这就要求参与者对 Web3 世界有独

到而深刻的见解，以及敢为人先的魄力。相比之下，应用层项目成功率低是由于大众需求低。目前的社会还没有建立起对虚拟世界的需求，大家还不完全相信虚拟的数字社会。

如果喜爱网络中的一张图片，在可以无限复制粘贴的 Web 2.0 时代，用户可以随意下载打印。面对这世界上千万张同款图片的事实，那么用户为什么要花重金买一幅数字图片单纯地收藏？也许用户珍惜游戏里辛苦打出来的装备，但它被关在了一个应用里，离开这个应用它什么也不是，那么用户为什么要为了它花时间、花力气？正因为如此，当前的新型应用层项目普遍比较短视，很难引导用户发自内心地信赖这些产品。一旦项目崩盘，什么情怀都不再值得一提。从这角度而言，项目方要学会掌握用户需求，设计合适的模型。

## Web3 的四大工作平台

对于几乎所有行业的从业者来说参与 Web3 都是一个巨大的积累财富的机会。Web3 工作相较于 Web 2.0 工作有许多不同之处，如远程工作、时间灵活是常态，同时人们可以从事多份工作，紧密结合社区和决策民主化，获得更多空投的可能、赏金和获取加密货币的机会等。在 Web3 中，我们有多种选择，既可以像之前一样为公司工作，可以为 DAO 工作，也可以通过接受这些公司或 DAO 的赏金来工作。

我们还有哪些方式可以快速融入 Web3 并找到适合自己的 Web3 工作呢？

第一，成为实习生是确定自己是否喜欢某个领域的最快方法，同时也是快速入门 Web3 的一个很好的选择。当我们沉浸在 Web3 领域中时，我们会有更直观的感受，成长也会更加迅速。

第二，加入 DAO，进入社区（如 Discord、Telegram、Reddit），可以成为社区管理员、推广者、组织者等。在社区里积极回答其他人的问题，帮助他人解决问题，为社区和产品的发展做出高质量的贡献。

第三，成为项目早期的使用者，在项目非常早期的时候去体验使用，甚至最终可以成为项目的正式成员。早期使用者会面临时间、资金等方面的试错成本,幸运者将会在空投中获得回报。

Web3 的岗位需求一直在增加。在 Web3 中,比较常见的工作如下。

- 智能合约工程师:优秀的 Solidity 开发人员基本都可以胜任。
- 前端网工程师:大部分使用 JavaScript 语言,所以学习 React、Next、Node 在 Web3 和 web 2.0 中一样有用。
- 设计师:包括用户体验和用户界面设计。
- 社区管理:在社区中引导人们保持活跃,鼓励发起提案、参与活动。
- 内容创作:通过内容和 Meme 文化在社交媒体上更好地营销。

Web3 让更多人可以选择更自由的谋生方式,重构获取财富和消磨时间的规则。Web3 正在吸引聪明、有活力的人,这将会对未来造成巨大的改变。但这样茫目找寻工作似乎效率太低了,这里盘点了 4 个基于 Web3 的工作新平台。通过这些平台服务,我们可以更好地在 Web3 中工作,获取更新的体验。

## 1. Layer 3

Layer 3 是一个世界上任何人在任何地方都可以为 Web3 做出贡献的平台。DAO 和去中心化社区 Layer 3 平台会通过赏金、竞赛和项目的形式发布任务,而用户探索社区并完成任务就可以获得加密奖励。在 Layer 3 中,任何人无论技能如何都能为 DAO 做出贡献并获得加密货币,让每个人在 Web3 中工作成为现实,并提供有效完成工作的工具。其中,任务是 Layer 3 平台上奖励贡献者的主要方式,共有三种不同的任务类型。

- 赏金:通过使用 Web 2.0 平台和 Web3 协议立即获得加密货币和 XP(Layer 3 中的一种积分)。
- 竞赛:与其他贡献者竞争以获得 XP 和治理通证。
- 项目:为 Web3 社区做出长期、高影响力贡献的方式。

### 2. Kleoverse

Kleoverse 是全球最大的 DAO 工作平台，帮助 DAO 获得有才华的贡献者，并以去中心化的方式来组织贡献者的工作。Kleoverse 希望通过取消简历，使人们更容易进入 Web3 工作。贡献者可以通过人才证明协议（Proof-of-Talent），建立可验证的职业身份，展示其以前的项目。Kleoverse 拥有 150 多个 DAO，这些互联网原生组织提供了各种工作机会，从个人奖励到长期贡献甚至全职工作。用户可以寻找自己喜欢的 DAO，通过完成链上任务从而获得相应的奖励。

### 3. Braintrust

Braintrust 是一个去中心化的网络，也是一个由用户主导和拥有的人才网络。该平台的最终目标是取代传统的招聘平台，将知识型自由职业者和全球知名的企业用去中心化的方式联系起来。与 Web 2.0 中的招聘平台不同的是，Braintrust 平台是去中心化的且由用户控制，自由职业者会获得 100% 的合同收入。Braintrust 是一个由区块链技术和加密货币驱动的去中心化的人才市场，与传统的人才中介平台相比，Braintrust 有着收费低、效率高、用户有治理权等诸多优势。

### 4. Galxe

在 Web3 中找工作，我们或许不再需要一份常规的简历，我们可以将身份放在区块链上，以区块链上的数据作为一个人的数字代表，招聘团队可以通过验证而不是信任来完成招聘。Galxe 是 Web3 的凭证数据网络，不仅可以为用户提供多链身份，还可以通过用户过去的成就/证书让其他人了解用户，比如，某用户曾经在 Uniswap V3 做过交易，已经认证过 CyberConnect，是 People DAO 的贡献者，等等。POAP 通俗理解就是签到卡，它是一种可以在区块链上记录用户出席、参与活动的徽章，是一种不可替代的通证。前文中我们提到过 PoW、PoS，简单理解就是"证明工作"和"证明权益"，POAP 是一种"新鲜"的证明——证明出席。

用户参加一个项目的讨论会、投票、测试、注册、交易等任何行为，项目方都会给用户发个 POAP，这会被记录在区块链上，证明用户参加过。有了这个证明，项目方就可以在后期根据这些证明，给参与者一个回报或者提供其他服务。一系列 POAP 集合，在一定程度上代表了个体的数字身份，它不依赖于任何典型的个人可识别信息，如姓名、性别、国籍或护照号码。当用户参与某些特定的活动，如线下活动或者视频会议时，持有的 POAP 可以成为用户的身份象征。

## 揭秘 Web3 赚钱的四个新思路

Web3 有一些独特的赚钱模式，如空投、创作者经济、DeFi、GameFi、SocialFi 等。这些模式都有一个基本的特征，就是参与门槛低，回报预期高，它们大多依附于传统的赚钱模式，但是因为有了可流通的通证，让一切都变得不一样。

### 1. 空投

Uniswap 在 2021 年 9 月向每个曾经用过 Uniswap V1 或者 Uniswap V2 合约的地址发放了 400 枚 UNI，最高单价为 43 美元，400 枚 UNI 价值为 17200 美元，约合 108360 元人民币；2022 年 1 月，域名 ENS 宣布空投，每个地址按空投数 100 ENS 计算，每个获得空投的用户的收益在 5 万元人民币左右，这只是对注册用户的空投，域名 ENS 更是给 ENS DAO 里的一名大学实习生空投了 4.6 万枚 ENS，每枚 ENS 以最高价 80 美元算，其获得的空投币价值高达近 360 万美元。

空投是 Web3 世界里最引人关注的新模式，通常是指项目方在发行通证的时候会将一部分免费分配给之前对生态做过贡献的参与者。这些通证一方面代表了继续参与社区的凭证，另一方面也可以在二级市场进行交易。利用空投暴富的故事在 Web3 圈子里屡见不鲜，以至出现了很多专门博取空投的团队。一般情况下，我们可以把空投归结为三种类型。

◆ 悬赏类

这类空投一般是鼓励用户参与项目的生态建设，完成一些基础的交互操作，帮助项目测试产品、扩大影响力、增加用户数等。用户需要做的通常有转发内容、填写表单、测试网络、邀请用户、参加项目讨论等。这个类型的空投特别多，几乎每天都会有成百上千的项目通过悬赏奖励用户，吸引用户参与。如果我们对这个方向感兴趣，就可以集中学习、参与，一般门槛都很低，不需要太多专业的知识和技能。

◆ 回溯类

空投最大的一个作用就是，在项目被大规模使用之前，鼓励用户参与建设。现在很多的 Web3 项目是以 DAO 的模式在运行的，从测试开始就需要大量的社区参与者。我们可以成为一个社区管理员、翻译员、表情包设计师、技术开发者、项目宣传大使，这些工作都会被记录下来。在项目首次发行通证的时候，我们就有非常大的机会被空投到。

回溯类空投另一个常见方式就是链上交互。如 dYdX，这是一个去中心化的交易平台，为了鼓励早期用户参与到交易之中，项目方设计了奖励计划，任何参与一次及一次以上的交易者都可以得到奖励，交易量越大，奖励越多。在 dYdX 最终发行通证的时候，最低档的用户可以拿到 310.75 枚 dYdX 币，最高档的用户可以拿到 9529.86 枚 dYdX 币，历史最高单价为 27.86 美元。也就是说，只要用户参与了一次基本的交互，在高峰时，最低档的用户都可以赚到近 6 万元人民币。

◆ 持有类

Web3 是一个大的生态，一个新的项目的发展往往需要借助其他项目的力量。和 Web 2.0 不一样，Web3 的用户不属于任何一个项目，所有的用户只属于他们自己。在这个特别的背景下，很多项目会给另一个项目的使用者空投，这种模式通常被称为"吸血鬼攻击"（指通过某种奖励将用户从现有平台吸引到竞争平台的方法）。OpenSea 是最大的 NFT 交易市场，一直垄断着这个市场，但是在收取高额的版税之后并没有回馈社区，这种行为激怒了很多 Web3 用户。于是，X2Y2、LooksRare 为了获取用户，都给曾经在 OpenSea 上交易过的用户进行了空投。因为所有的交易在链上都是公开的，任何开发者都可以免费拿到这些数据，然后根据这些数据进行空投。举个更直观的例子，如果淘宝交易的用户数据全部是公开的，而且是可以免费使用的，那么拼多多在刚起步的时候就可以针对所有在淘宝购买过商品的用户发起空投。比如，可以根据用户消费的金额、频次，将用户分成不同等级，然后发放不同金额的优惠券。当然，因为在 Web2.0 的世界里，数据都是商业公司的高级机密，是绝对不会公开的，而且会有信息安全法保护，所以只有在 Web3 的世界，上述情况才会发生。

## 2. 创作者经济

互联网诞生之初，人们出于爱好与分享的目的创造出了各色各样的内容，但这些内容的最终受益人却是发布平台。Web3 的到来将会打破这个局面，它致力于创建与用户直接共享价值的开放平台，最大限度地为用户保留价值。在 Web3 世界中，创作者主要通过制作出作品的 NFT 形式到相应平台进行交易获利。因此，围绕 NFT，创作者有三个收入来源：铸造收入、版税、交易。

铸造是主要的收入来源：如果地板价是 0.05ETH，发行 10000 个，可获得 500ETH，约合人民币 1000 万元。Web3 还会保护创作者，当作品发布后被反复交易，创作者在每一笔交易中都会有版税提点。对于优秀的 NFT 项目，版税收入相当可观，甚至会超过铸造收入。创作者和持有者也可以通过买入和卖出来赚取差价，这需要观察市场状况。

自从"元宇宙"一词大火以后，许多艺术家相继进入 NFT 领域进行创作，其中最为出圈的应数 Beeple。2006 年，Beeple 发起了 3D 图形"Everyday"项目，开始在 Instagram 上日更画作，并积累了 250 万粉丝。2020 年，他初步了解到区块链和 NFT，并尝试将自己的作品转化为 NFT。刚开始时他在 NFT 交易平台 Nifty Gateway 拍卖了 3 件作品，结果大受欢迎。其中一个数字动画作品 *Crossroad* 成交价为 600 多万美元。不久，他又将自己的日更作品集合 *Everydays：The First 5000 Days* 拍卖，除去拍卖收费和税款，净收入价值 5300 万美元的比特币。

当然，普通创作者也有爆火的机会。例如，印度尼西亚的一名大学生 Ghozali 在过去 5 年，每天都会在电脑前自拍，出于对加密技术的好奇，他把这些自拍照制作成了"Ghozali Everyday" NFT 系列，并上传到 OpenSea 售卖。一共 933 张照片，到第二天已经卖出 230 张。在短短一周内，就获利约人民币 554 万元。

当创作者在 NFT 领域声名鹊起，还可以进行商业合作，制作周边产品，如蓝筹项目无聊猿游艇俱乐部 BAYC。BAYC 自 2021 年 4 月发行以来，和很多平台商家进行联名合作。2022 年 4 月初，一家名为"Bored & Hungry"的 BAYC 主题餐厅开张了，付款方式除了信用卡和借记卡，还包括 ETH 和 ApeCoin（BAYC 的原生通证）。BAYC 与流行音乐杂志《滚石》合作开发了两个联名 NFT 拍卖活动，共计获利约 269717.12 美元。

## 3. DeFi

去中心化金融是一种创建于区块链上的金融，它不依赖券商、交易所或银行等金融机构提供的金融工具，而是利用区块链上的智能合约（如以太坊、币安智能链）进行金融活动。拥有数字资产后，就可以在去中心化平台进行理财。在以太坊链上，主要有 AAVE、Compound 等平台，抵押以太坊等主流资产可以获得年化率 2%～3% 的收益。

以太坊质押利率

BNB Chain 主要是 Venus 借贷平台，存放稳定币 USDT 或者 BUSD 可以获得年化率 2% 的收益，存储 BNB Chain 可以获得年化率 5% 左右的利息。如果遇到有活动，利息也会水涨船高。

BNB Chain 质押利率

去中心化交易所 Uniswap 推出了 V3 版本，主要有两点创新：集中流动性和多层级费率。

◆ 集中流动性

Uniswap V3 通过集中流动性功能，允许流动性提供者为特定的价格区间提供流动性，并将不同用户对同一交易提供的流动性汇总到一个池子里（形成一条综合曲线）供用户交易，从而提高资金利用率。

◆ 多层级费率

Uniswap V3 为有限合伙人提供了三级费率，包括官方推荐的稳定币、常规资产和小众资产的费率，其分别为 0.05%、0.3% 和 1%。通过费率分级，使有限合伙人所承受的风险和收益相匹配，也使资金池更加多样和平衡。

参与组建稳定币交易的年化收益率偏低，在 1.88% 左右。因为大部分稳定币交易不在 Uniswap 上进行，所以交易量偏低，交易手续费因而也少。在行情接近熊市时，低位组建以太坊和 USDC（一种代币名称）的交易对，在较小区间内设定好，短时间内可以实现年化收益超过 50%，这无疑是熊市里的一道亮丽的风景线。但组建流动性交易对有一定的无偿损失，因此不建议低风险偏好者尝试。

### 4. X2E

X2E 是一种广泛的 Web3 赚钱模式，用户可以通过运动、唱歌、看书和社交等各种方式进行赚钱，在游戏行业里俗称"打金"。"打金"原指制作金银饰品，后引申为游戏术语，意思是在网络游戏中赚取游戏金币和装备，再利用互联网把这些虚拟物品贩卖给需要的玩家以换取现实货币。由于当前许多 Web3 项目以 NFT 为核心，获取 NFT 的过程与玩网络游戏极为相似，因此"打金"也用于指代参与 Web3 项目并转卖 NFT。

以 STEPN 项目打金为例，核心是研究并利用 STEPN 的经济系统规则，主要有三种打金方式。

◆ **跑步赚 GST**

用户每天在户外走路或者跑步时，该项目经过应用内置的 GPS 的检测和记录，确认用户完成每日的跑步任务后，用户就可以得到一定的运动 GST 奖励。

◆ **升级跑鞋 NFT**

消耗 GST 可以提升跑鞋 NFT 的品质，然后将跑鞋出售或者出租给需要的玩家。跑鞋的品质包括稀有度、舒适度、耐用度和配速等，这些指标越好，在二级市场的售价也就越高。

◆ **铸造鞋盒 NFT**

用两个跑鞋 NFT 可以铸造鞋盒 NFT，打开后可以获得一只新的跑鞋 NFT。获得的鞋盒 NFT 或者开出的新跑鞋 NFT 都可以在二级市场售卖。同样的，鞋盒和新鞋的品质也决定了它们的价格。

这只是其中一些简单的例子，并不能作为操作的具体建议，大家可以关注下这个赛道。

— 第 章 —

# 创投视角下的 Web3

Web3 将会诞生许多伟大的项目，而任何一个成功的项目背后多少都有资本的推手。虽然 Web3 有了非常多的融资手段，但创投在 Web3 里仍然是一个重要的板块。创业和投资是占据媒体头条的常客，这也从侧面反映了当前是很好的入局机会。本章将从风险投资机构布局、投资范式转移、创业赛道分析等方面入手，以期揭示创投视角下的 Web3。

# Web3 开启创投新战场

传统风险投资是向初创公司提供资金支持并获得股份的形式，不确定性因素多，风险较大，但一旦成功，将会得到高额的资本回报率。在投资方面，嗅觉灵敏的风险机构通常会比创业者更快到达战场。而在 Web3 中，传统的风险投资将华丽转身，Web3 风险投资新贵将登场，在争夺优质创业项目、抢占赛道的竞争中，谁都不愿意迟到或缺席，否则极有可能输掉未来。Web3 吸引了大量的风险资本进入，寻找更大的叙事就意味着更大的回报，不发展或缓慢发展对于资本而言就是毁灭，Web3 正是完美的下一个大纪事。

## 抢滩登陆 Web3 的资本巨鳄

回顾过去十余年互联网的发展历史，可以用"魔幻"二字形容，从 Web 1.0 到 Web 2.0，从 PC 互联网到移动互联网，风起云涌，风口、资本冷热交替，多少优秀的企业拔地而起，那些名不见经传的小公司可以用短短几年时间发展成为市值几千亿的互联网巨头，而那些固执己见、逆势而为的互联网大佬也可以在短短几年时间里从头部退居二线、三线，这些变化的发生也见证着整个行业的飞速发展。"方生方死，方死方生"，互联网的发展可以用这八个字来描述，过去几千年的历史中，没有哪一个时代像现在这样发展迅速。

一面是 Web3 的高歌猛进，一面是 Web 2.0 不断出现破发、裁员潮，放眼全球范围，资金、技术、人才都在快速转移。在过去的几年，全球互联网人口红利结束、流量见顶，在各个国家和地区都出现了不同程度的垄断情况，在美国有 GAFA（Google、Amazon、Facebook、Apple），在中国有 BAT（百度、阿里巴巴、腾讯）。市场垄断之下是创新之困，流量和用户被牢牢掌握着巨头手里，凭借资金、人才、技术和品牌的护城河，Web 2.0 互联网的创业在资本眼里已经极度缺乏想象力。不仅是资本，垄断巨头也发现了问题，但在巨大的商业利益面前，现有的互联网商业模式不可能将利益公平地分配到用户手里。即便 Facebook 高调地改名为"Meta"，但本质上仍然是中心化商业组织的自救。

目前，全球对 Web3 应用的兴趣和资金投入都出现了非同寻常的增长。根据 Pitchbook 的数据，整个区块链和加密货币的资金激增，从 2020 年的不到 68 亿美元增加到了 2021 年的 300 多亿美元，这是因为这一领域的投资者数量在增加了。根据 Hutt Capital 统计，2021 年净新增 76 支区块链 VC 基金，目前追踪的风险投资基金数量为 155 支，高于一年前的 79 支，同比增长了 96%。毫不奇怪，这种融资狂潮推动了估值的上升，仅在 2021 年就产生了近 40 个新的加密货币独角兽企业。为了适应不断变化的市场需求，传统金融机构和风险投资机构的胃口也开始转变。2022 年前 6 个月，Web3 领域的融资金额已超 10 亿美元，其中包括 Polygon 的 4.5 亿美元融资、CoinDCX

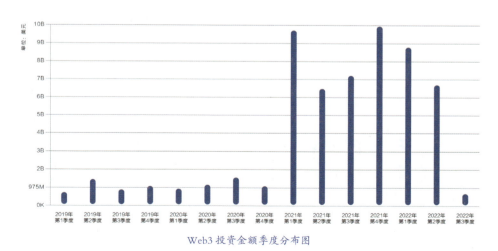

Web3 投资金额季度分布图

注：该图来源于 CrunchBase，更新于 2022 年 8 月 16 日。其中，纵坐标中的 K 表示 kilo，即千；M 表示 Million，即百万；B 表示 Billion，即十亿。

的 1.36 亿美元融资、NFT 市场 Rario 和 Fancraze 平台超过 1 亿美元的融资，以及 SaaS 创业公司 Coinshift 的融资，等等。

在 2021 年，风险资本以有史以来最快的速度向加密货币和区块链初创企业进行投资。有记录的 2000 多笔交易，总投资价值超过了 330 亿美元，这比 2020 年增加了一倍多，创造了风险资本投资加密市场的历史新高。截止到 2022 年 8 月 16 日，CrunchBase 的 Web3 创投跟踪数据显示，Coinbase Ventures、Alameda Research、Animoca Brands、Shima Capital、Pantera Capital 分别以 161 笔、113 笔、108 笔、80 笔、75 笔投资排在所有投资机构前 5 名。所跟踪的 15193 家 Web3 创业公司，共计获得了 870 亿美元投资，诞生了 79 只独角兽（市值在 10 亿美元以上）。NFT 交易网站 Magic Eden 以 20 亿美元估值成为最新独角兽，而交易平台 FTX 以 320 亿美元成为估值最高的创业公司。

Cointelegraph 的报告显示，在去中心化金融（DeFi）、中心化金融（CeFi）、区块链基础设施、Web3 和 NFT 等区块链行业的所有总体投资分布中，DeFi 一直是风险资本流入的王者。但是这一切在 2022 年的第二季度发生了改变，Web3 占据了投资数量的 42%，而 DeFi 仅占 16%。在较为活跃的前 10 名风险投资机构中，有 7 家选择 Web3 作为主要投资领域。

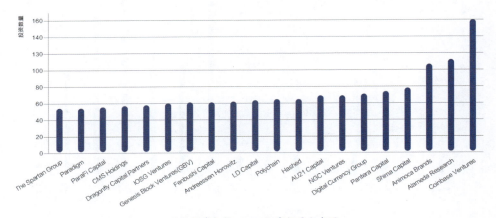

风险投资机构 Web3 投资数量分布图

注：该图来源于 CrunchBase，更新于 2022 年 8 月 16 日。

## 第 5 章　创投视角下的 Web3

| | 数字藏品 | 中心化金融 | Web3 | 去中心化金融 | 基础设施 | 总计 |
|---|---|---|---|---|---|---|
| Animoca Brands | 26% | 0% | 72% | 2% | 0% | 43 |
| Coinbase Ventures | 12% | 11% | 44% | 24% | 9% | 34 |
| Shima Capital | 18% | 4% | 50% | 25% | 3% | 28 |
| Big Brain Holdings | 21% | 0% | 29% | 42% | 8% | 24 |
| Andreessen Horowitz | 21% | 0% | 58% | 8% | 13% | 24 |
| Dragonfly Capital | 9% | 9% | 43% | 26% | 13% | 23 |
| GSR | 0% | 0% | 32% | 50% | 18% | 22 |
| Infinity Ventures Crpto | 20% | 5% | 75% | 0% | 0% | 20 |
| Balaji Srinivasan | 15% | 10% | 55% | 10% | 10% | 20 |
| Jump Capital | 6% | 6% | 22% | 56% | 10% | 18 |

风险投资机构投资标的比例图

注：该图来源于 Cointelegraph。

Dove Metrics 和 Messari 的联合报告显示，其 2022 年上半年跟踪的超过 4300 个活跃的风险投资机构（包括风险基金、DAO、孵化器和天使基金）参与的 1199 个投资事件，总投资金额约为 300 亿美元，其中 Web3 占据了 530 起，几乎是半壁江山，总金额达到了 86 亿美元。具体深入 Web3 细分领域，非以太坊 NFT 项目在第二季度取得了进展，筹资总额超过了以太坊生态系统 NFT 项目，总金额约为 18 亿美元，游戏 NFT 在垂直领域独树一帜，募资金额是其他 NFT 垂直领域的 4 倍多。DeFi 在上半年结束时表现强劲，仅在 6 月份就筹集了 6.24 亿美元。DAO 的投资事件则集中在早期轮次，在所有包含 DAO 参与的融资轮次中，71% 在种子阶段。

2009 年，Marc Lowell Andreessen 和 Ben Horowitz 取两个人的姓氏成立了 Andreessen Horowitz 风险投资公司（简称 a16z）并成功投资了包括 Facebook、Groupon、Skype、Twitter、Zynga、Foursquare 在内的互联网公司。2013 年，a16z 领投了 Coinbase 的 2500 万美元 B 轮融资，正式开启了其在加密行业的投资布局。Coinbase 上市时市值最高达 858 亿美元，a16z 在套现 44 亿美元后，至今仍持有该公司 7% 的股份。另外，a16z 投资的项目还包括 NFT 交易市场的王者 OpenSea、元宇宙公链 Dapper Labs、去中心化交易所 Uniswap、dYdX 等知名加密项目，几乎在每个赛道的头部项目中都可以看见 a16z 的身影。

a16z 投资版图

在 Web3 领域，a16z 宣布已为旗下第四支加密货币专项基金募集了 45 亿美元。这些资金将用于寻找有前景的 Web3 初创企业，其中 30 亿美元用于风险投资，15 亿美元用于种子投资。据公开信息统计，a16z 投资的 Web3 领域的公司或项目数量超过了 80 个，包括了公链、Layer 2、DeFi、NFT、游戏和元宇宙等几乎所有的 Web3 赛道。

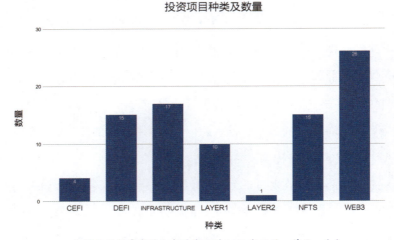

a16z 区块链投资赛道分布（截止到 2022 年 7 月，单位：个）

眼看着 a16z 投资赚得盆满钵满，其他老牌资本当然不可能袖手旁观。红杉资本作为资格更老、规模更大的资本，也推出了一支资金规模在 5 亿～6 亿美元的红杉数字加密货币基金，专注于加密货币投资。这是红杉资本成立以来推出的首支特定行业基金。2022 年 6 月，红杉资本继续重金押注 Web3，推出了两支总规模达 28.5 亿美元的新基金，分别是规模约 20 亿美元的红杉资本（印度）早期风险基金和规模约 8.5 亿美元的成长基金与红杉资本东南亚专属基金。为了彰显进军 Web3 的决心，红杉资本甚至将其社交账号的简介修改为"我们致力于帮助有胆识的人从创意到代币空投创建传奇 DAO"。

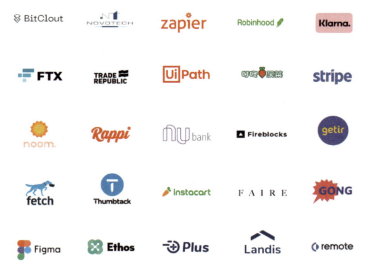

红杉资本部分投资组合

据公开信息显示，红杉资本（美国、中国和印度）2022 年披露的投资的项目超过了 30 个。从投资标的的赛道分布来看，红杉资本重注压在了基础设施平台，包括公链、安全、支付和资金管理等。数字衍生品交易平台 FTX、加密资产托管平台 Fireblocks、以太坊 Layer 2 解决方案 StarkWare 和 Polygon、加密货币指数协议 Index Coop、区块链安全审计 CertiK；DeFi 协议 Parallel Finance 和 Beta Finance，元宇宙交互平台 Gather，NFT 平台 Faze Technologies，去中心化社交平台 DeSo，非洲移动支付平台 OPay，支付公司 Stripe，股票与加密货币交易平台 Robinhood，流动性质押协议 pSTAKE……一连串的"明星"项目让红杉资本迅速在加密资本市场占领一席之地。

与激进派不同的是,大部分的资本还在观望阶段,也有一些资本尝试着用现有的投资逻辑和法律框架参与到 Web3 投资里。2022 年 6 月,纪源资本(GGV)联合软银愿景基金二期,领投了 Web3 基础设施提供商 InfStones 的新一轮融资。同月,SIG 海纳亚洲创投基金领投了去中心化交易所 ByteTrade。就连小红书也投身到了 Web3 里,2022 年小红书与 OpenSea 等联合投资了 NFT 交互平台 Shil.me。

## 揭秘 Web3 投资底层逻辑

Web3 投资范式发生了转移,底层的逻辑却逐渐清晰起来。区块链是 Web3 的底层技术,去中心化的技术引出了去"数据寡头"的投资逻辑。这无疑是对 Web 2.0 时代的投资模式的巨大冲击,借助技术经济范式转变理论,我们可以更好理解这一底层逻辑。

### 1. 加密时代——去"数据寡头"时代的到来

回顾过去数十年信息技术市场的发展,可以看到,每一次大的市场发展周期都遵循着相同的规律,即去中心化—扩张—整合。在移动互联网时代之后,下一个时代的风口叫作加密时代(Crypto Era)——去"数据寡头"的时代,这也是一个数据开源和信息民主化的时代。

2009 年,中本聪创造的比特币标志着这个时代悄然到来。在这个时代,用户的数据将不再由商业寡头们垄断,用户数据的隐私性、安全性将比现在更能得到保障。因为数据的托管方式将是去中心化的,且是抗审查、防篡改的,用户对个人数据拥有控制权。

在 Web 2.0 时代,用户数据是支离破碎地存储在各个中心化的公司中的,或者说是存储各个应用产品的服务器里。举个例子,用户经常使用的网易云音乐、虾米音乐、Spotify 等平台是无法共享用户选择的歌单数据的,并且产品之间的恶性竞争最终需要由用户买单。当虾米音乐被收购的那一刻,许多用户只能通过笨拙的方式将自己购买的歌曲从歌单列表中一条条导出。

以产品为中心的互联网服务，在 Web 2.0 时代并不会过多地关注用户数据体验的重要性，这些平台都在构建各自的"护城河"及竞争性服务，如 Google、Facebook 表面上给用户提供免费的服务，但实际上是通过对用户的数据和行为习惯进行分析，然后给用户推送广告以增加商业流量。

然而，在 Web3 时代，传统互联网以产品为中心的格局将不复存在，用户数据通过区块链平台改造后，使用权和管理权都将归属于用户本身。这意味着用户自己能够真正决定数据怎么用，比如，用户可以自己授权某个机构或者公司来使用自己的数据，但同时被授权方依赖数据创造的价值必须分配给数据的主人一部分。在 Web 2.0 时代，如果使用百度和淘宝，这两个公司一定会有用户的以下信息：用户个人的搜索偏好记录，对用户在网上的各种行为分析的数据，等等。这些互联网公司都建立了关于用户的认知文档，但是用户作为数据真正的主人却拿不到本应属于自己的数据画像。而如果淘宝或百度变成一个区块链世界的公司，那么它们在拥有用户数据画像的同时，用户自己也可以拥有，这意味着用户对自己的数据既有使用权也有管理权。

## 2. 用技术经济范式转换理论看加密时代的来临

经济理论学家 Carlota Perez 在研究过自工业革命之后的所有技术革命后，提出了技术经济范式转换的概念。她提出：每一次技术革命引领的技术经济范式的转换，都会遵循爆发期（Irruption）、狂热期（Frenzy）、行业协同期（Synergy）、成熟期（Maturity）这四个时期的周期循环。

从下图中可以看出，我们当前所处的时代与 Carlota Perez 提出的关于技术和社会变革的模型吻合程度是非常高的，即加密通证市场自 2009 年 BTC 出现进入爆发期（Irruption）之后，整个市场发展到 2017 年、2018 年已经达到了非理性的狂热状态（Frenzy）。最终市场在 2018 年上半年达到发展的最高点之后又经历了下半年的泡沫破裂（Crash）。在 2019 年加密市场重新恢复理性之后，2020 年又出现新的行业重组（Recomposition）和行业协同效应（Synergy），之后又走向良性发展的成熟期。

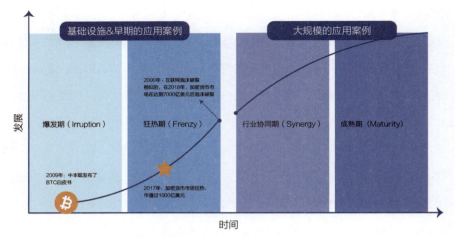

加密网络的时间发展线（IOSG VC）

## 3. 用成本结构和价值分配理论剖析加密时代的颠覆式创新

前面提到在未来的加密时代，加密通证将通过全网通用的金融激励措施，取代互联网时代商业巨头中心化的处理信息的方式，从而降低构建和扩展信息网络的成本。那么加密网络是怎样使信息的生产成本大幅降低的呢？

我们引用万维网模型（Web 2.0）和加密服务模型（Web3）的理论来比较它们在两个维度上的差异——生产方式的差异（中心化 VS 去中心化）和数据托管方式的差异（托管 VS 非托管）。

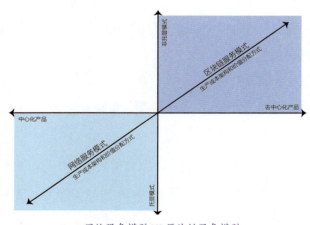

网络服务模型 VS 区块链服务模型

从上图中可以看出，万维网服务模型（Web 2.0）的生产成本架构和价值分配方式都是中心化的。换句话说就是，像 Google 或 Facebook 等中心化商业实体会管理其所提供的服务的整个生命周期，并控制其用户贡献和生成的所有数据。它们承担所有的跟数据有关的生产成本，如建立数据中心、数据研发等。当然，承担了成本的同时也意味着享有价值的分配权利，即所有这些中心化商业实体利用其收集来的用户的各种信息和数据获取了大量的商业价值。

加密服务模型（Web3）则是将去中心化产品与非托管模式相结合。加密网络通过激励网络中无数的独立节点，并根据一个共享的加密经济协议去"对等地生产服务"，从而将生产成本分散到更大的人群中。我们可以把它视为一种数字特许经营协议，这种生产方式让加密网络的经济体可以像麦当劳一样实现惊人的全球扩张规模，但同时它采用的是一种合作社类型的治理理念，并且这种加密网络经济体仅以数字形式存在。

我们将"价值取决于成本在哪儿"这套理论延伸运用到加密网络，就可以将分布式成本结构视为分布式投资结构。加密网络将尽可能多的成本推向边缘，并通过通证方式进行协调。开源贡献者和节点网络承担开发和生产成本，用户承担对其数据管理的责任，而通证的使用为去中心化生产增加了第三个维度，即去中心化资本。每个购买、持有或使用某个加密网络通证的用户，都在持续资本化该网络，并承担该加密网络服务的资本成本的一个份额，因而，当网络随着时间推移而成长，用户也可以获得该通证价值提升的收益。

可以看出，Web3 与 Web 2.0 相比，优势是其成本结构和价值分配方式更加分散化。根据传统经济学原理，由于市场永远趋向按成本线分配价值，因此 Web3 更分散化的成本结构意味着数据的价值能够更广泛地被分配到所有人。

# Web3 投资赛道分析

划分投资赛道有很多种方法，我们沿用第 3 章对 Web3 技术架构分析的方法，同样把 Web3 的投资分成四个主要层级：Layer 1、扩容与跨链桥层，基础设施层，用户用例层和用户接入层。每个层级还可以继续划分为更加细分的赛道。本节我们将通过对投资赛道的整理分析，同时兼顾各个赛道的技术发展趋势，力争从技术和资本相结合的角度还原 Web3 版图。

## Web3 投资的四个赛道

### 1. Layer 1、扩容与跨链桥层

公链的叙事已经经历了好几个牛市和熊市的交替，从 BTC 到 ETH，围绕性能和效用不断出现新的公链、侧链，出现 Layer 1、Layer 2 甚至是更多层级的基础链。在技术路线上，我们大致可以把这个层级分为 ETH/Layer 2、Diem 帮派、模块化公链三个大板块。得益于 ETH 这几年的大发展，围绕以太坊虚拟建构的一个庞大生态俘获了绝大部分的投资，但日益增长的应用层让作为公链的 ETH 的性能捉襟见肘，以太坊自身已经在 2022 年 9 月进行了共识算法升级，即从工作量证明升级到权益证明，但这只是进化路上的一个步骤，EIP 4488（以太坊改进提议之一，旨在降低以太坊第二层扩容解决方案的 Gas 费）、EIP 4844（以太坊改进提议之一，是以太坊引入分片的两个流程中的第一个，它将在网络实际分片之前实施大部分基础设施分片）及分片计划都在日程

表之上。

扩容 Layer 2 上热闹非凡，我们将参与者分为 OP 系（包括 Arbitrum、Optimism、Fuel）和 ZK 系（包括 ZK-Sync、Polygon、Starkware、Scroll、Aztec）。来自 CrunchBase 的投融资数据显示，2020 年 2 月，a16z 以 2500 万美元领投了 Optimism 的 A 轮融资；2022 年 3 月，Optimism 又以 16.5 亿美元估值完成 1.5 亿美元的 B 轮融资；2021 年 8 月，Arbitrum 完成了 Lightspeed Venture Partners 领投的 1.2 亿美元的 B 轮融资；2021 年 11 月，StarkWare 完成了由红杉资本领投的 5000 万美元的 C 轮融资，估值 20 亿美元；2022 年 5 月 25 日，StarkWare 以 80 亿美元估值完成了 1 亿美元的 D 轮融资；Polygon 在 2022 年 2 月完成了新一轮 4.5 亿美元融资，由红杉资本（印度）领投，软银、Galaxy、Tiger、Republic 等参投；2021 年 11 月，zkSync 背后的开发公司 Matter Labs 宣布完成 a16z 领投的 5000 万美元融资；2021 年 12 月，Aztec 完成了 1700 万美元的 A 轮融资，Paradigm 为领投。

在 Layer 2 之外，模块化区块链公链凭借小而美的性能吸引了一波用户和生态开发者，主要包含了 Cosmos、波卡、Celestia 及更细分的 AVAX、BAS 等。本以为公链的叙事到此应该结束了，因为我们已经拥有了超过 30 条所谓的"公链"。要知道，如果将其类比为操作系统，在 Web 1.0 和 Web 2.0 中积累的经验告诉我们，这个世界不需要那么多操作系统，常用的可能就那么几个。但是，在资本和技术的双重推动下，Diem 帮派横空出世，带来了 3 条全新公链。

CrunchBase 公开数据显示，Sui 公链在 2021 年 12 月完成了由 a16z 领投的 3600 万美元的 A 轮融资；2022 年 7 月，Sui 公链以 20 亿美元估值寻求到至少 2 亿美元的 B 轮融资，本轮融资由 FTX Ventures 领投，目前项目方已在该轮融资中获得 1.4 亿美元的资金支持。2022 年 3 月，Aptos 公链在由 a16z Crypto 牵头的战略回合中筹集了 2 亿美元，参与方包括 Multicoin Capital、Katie Haun、ParaFi Capital、Hashed、Variant、Tiger Global、BlockTower、FTX Ventures、Paxos 和 Coinbase Ventures 等。2022 年 7 月，Aptos 公链获得了由 FTX Ventures 和 Jump Crypto 领投的 1.5 亿美元融资，包括来自 Apollo、Griffin Gaming Partners、Franklin Templeton、Circle Ventures、a16z Crypto 和 Multicoin 等

的持续支持。2022年6月，Linera公链也宣布完成a16z领投的600万美元种子轮融资。至此，Aptos、Sui和Linera这3条公链都完成了业内备受瞩目的融资事件，它们的共同之处是创始人都来自Facebook的同一个项目组——Diem，业内称为"Diem黑帮"。

在跨链桥方面，跨链协议Multichain（原Anyswap）获得了来自Binance Labs的6000万美元融资，其他参投方包括红杉资本（中国）、IDG Capital、DeFiance Capital、Circle Ventures、Tron Foundation、Hypersphere Ventures、Primitive Ventures、Magic Ventures和HashKey。ChainSwap已经完成了300万美元的战略融资，LI.FI完成了550万美元融资，跨链桥Wormhole计划通过代币私募获得了1.87亿美元融资。

在这一层，我们多见大金额的投融资事件出现，历来底层设施都是资本的必争之地，谁掌握了底层谁就掌握了生态话语权。如果没有掌握，那就要亲手扶持一个。在越来越多的公链出现后，资产跨链也成了一个高频操作，于是跨链桥就出现了，在公链性能低下时扩容、模块化也就出现了，所有对于公链的投资都可以看作是深入Web3行业的必备操作。我们在这个赛道几乎可以看见所有一线资本的身影，以a16z、红杉资本为代表的资本正在一点点抢占Web3的底层架构。

### 2. 基础设施层

随着ETH性能的提升、Layer扩容的蓬勃发展，再加上一些模块化的公链出现，建立在公链之上的基础设施层不断生长、壮大，逐渐诞生了存储、身份、通信、治理、交易和审计等细分赛道。这些基础设施建立在底层公链和用户用例层之间，是典型的"水、电、煤"工程。在投资机构眼中，基础设施也是布局大资金、赚取大回报的"风水宝地"。Web3基础设施层的初创企业Cassava Network、Computecoin Network、EthSign和Everyrealm均在2022年获得了融资。下面我们仅以几个典型分类为例，以窥这一赛道的投资逻辑。

2022年4月，Web3安全公司CertiK完成了Insight Partners、Tiger Global、Advent International联合领投的8800万美元的B3轮融资，高盛集团、红杉资本、Lightspeed等新老股东跟投。CertiK在过去9个月内完成了4轮融资，总融资额达2.3亿美元，估值达 20 亿美元。Aligned 完成了 3400 万美元的融资，本轮融资由 GSR Ventures、Altium Capital Management 和 Calvary Fund 等参投；NodeReal 完成了 1600 万美元的 A 轮融资，Sky9 Capital 领投；InfStones 完成了 3300 万美元的 B 轮融资，Dragonfly Capital、启明创投、DHVC、漠策资本和 Value Internet Fund 等参投。此前，InfStones 在种子轮和 A 轮融资 1200 万美元，总融资额达 4500 万美元；Fortress Blockchain Technologies 完成了 2250 万美元种子轮融资，Ayon Capital 参与领投。

在存储模块，2017 年 8 月，Filecoin 以 25.7 亿美元估值完成了 2.57 亿美元的融资，创下了当时全球区块链早期项目的融资纪录，投资者包括红杉资本、Y Combinator、文克莱沃斯兄弟和联合广场风投等优秀的投资机构；永久存储应用 ArDrive 完成了 1720 万美元种子轮融资，由 Arweave Team、Blockchain Capital 和 Sino Global Capital 领投；Arweave 自身从 2020 年开始，通过 7 轮融资一共募集了超过 2200 万美元，Storj 则同样 7 轮募集了超过 3500 万美元。

交易模块项目众多，很多项目都通过通证模式募资，有 VC 参与的典型事件包括：Uniswap 在 2020 年接受了 a16z 和联合广场风投的 1100 万美元投资；同年，Aave 已获得来自 Blockchain Capital、Standard Crypto 及 Blockchain.com Ventures 等联合投资的 2500 万美元，累计获得了超过 4500 万美元的融资；Compound 则在更早的 2019 年完成了 2500 万美元的 A 轮融资，领投方为 a16z，参投方包括 Bain Capital、Polychain Capital 和 Paradigm。Lido Finance 在 2021 年完成了 Paradigm 领投的 7300 万美元的融资，跟投机构包括 Coinbase Ventures、Alameda Research 和 Digital Currency Group 等业内头部投资公司，Lido 累计融资达到了惊人的 1.43 亿美元。

目前，Web3 的发展仍处于早期阶段，参照 Web 2.0 时期的投资阶段配置，很多资本都将资金分配在了基础设施层，尤其是许多中小资本。这也很好理解，比如，作战时要兵马未动粮草先行，同样的，当一个地方大兴土木建造宏伟蓝图的时候，基建是风险可控、收益稳定的投资方向。现在 Web3 还极其脆弱，很多基础设施非常不完善，可以预见，在相当长时间内，基础设施层仍然是风险投资终端关照的方向。

## 3. 用户用例层

用户用例层是用户通过接入层使用区块链基础设施的关键层级，直观来说，如果基础设施层是To B（面向企业）的，那么用户用例层就是To C（面向消费者）的。那么，用户进入Web3可以做什么？娱乐、消费、创造完全属于自己的数字资产！我们可以看到，这一层正在最快速崛起，包括GameFi、NFT、DAO、SocialFi、Creator Economy等正在吸引越来越多的用户加入Web3的世界。继续按照Web 2.0的投资策略来看，在底层操作系统日趋完善、基础设施不断稳固后，下一阶段必然是波澜壮阔的消费互联网（Web3）时期，而且往往伟大的公司大多诞生在这一层级，如中国的腾讯、阿里巴巴，美国的Facebook和Twitter。经跟踪发现，投资人正在疯狂加码用户用例层，大估值、大资金投资事件频繁出现。

Animoca Brands是亚洲最大的区块链项目投资者之一，正在创建一个由340多家公司（包括金融、游戏和社交媒体公司）组成的"投资组合帝国"。2020年其公司价值约为1亿美元，2021年的两轮投资后，估值为10亿美元。2022年1月19日，Animoca Brands完成了新一轮的融资，金额高达3.59亿美元，由Liberty City Ventures领投，红衫资本（中国）Gemini Frontier Fund、Winklevoss Capital和10T Holdings参投。2022年7月，Animoca Brands又筹集了7500万美元，使公司的估值达到了59亿美元。

在Animoca Brands的投资组合中我们可以看见，大部分案例都在用户用例层，区块链游戏、公会、电子竞技、元宇宙和数字艺术几乎占据了半壁江山。币安（Binance）在2022年4月宣布，领投热门NFT区块链游戏Axie Infinity开发商Sky Mavis最新一轮1.5亿美元融资，Animoca Brands跟投。早在2019年，Animoca Brands就牵头对Sky Mavis投资了146.5万美元，后来又数度参与对这款游戏的投资。另外我们也可以发现，Sandbox、Aurory、Decentraland、Thirdverse、Magic Eden和OpenSea等非常成功的Web3应用都在Animoca Brands的投资版图内。

我们仅以Animoca Brands管中窥豹，业内优秀资本都在用户用例层下足了功夫并且还处于稳定上升期。随着基建的不断完善，几乎每天都会出现数量众多的创新性

Web3 项目。每个项目出现时，比用户还先到达现场的一定是风险资本机构。

## 4. 用户接入层

在 Web 1.0 和 Web 2.0 中，用户可以借助电脑或手机浏览器直接访问服务，而在 Web3 中，用户在享受服务之前还需要经过一个接入层，通常是钱包、浏览器或浏览器插件、聚合器（搜索引擎，用于数据聚合，收集各个网站的数据，允许将信息以不同类别呈现在同一个地方，以供不同用户使用）及一些 Web 2.0 的应用。

为什么会有 Web 2.0 的应用呢？如前文所述，Web 2.0 和 Web3 并不是完全隔离、割裂的两个物种，而是相互交织、融合的形态。就像今天我们使用微信群沟通项目，使用公众号或者媒体平台跟踪信息，Web3 也可以使用今天所使用的应用进行用户接入，也会有其他应用（如钱包）可以进行用户接入。由此可见，接入层是一个非常宽泛的概念，这里我们仅将钱包和聚合器纳入 Web3 中投资考察的视野范围。

在钱包领域，MetaMask 已经成为绝对的王者，截至 2022 年 3 月，MetaMask 月活用户已经达到 3000 万，这几乎是所有 Web3 用户的总和，同时母公司 ConsenSys 宣布完成 4.5 亿美元的融资，估值超过了 70 亿美元。作为后来者，Math Wallet 通过两轮融资共筹集到近 2000 万美元，投资机构包括 Alameda Research、Multicoin Capital、Binance Labs 及 NGC Ventures 等知名机构。Solana 生态加密钱包 Phantom 在 2021 年 7 月获得由 a16z 领投的 900 万美元的 A 轮融资，在 2022 年 1 月以 12 亿美元估值完成了 Paradigm 领投的 1.09 亿美元的 B 轮融资，a16z、Variant Fund、Jump Capital、DeFi Alliance 和 Solana Ventures 等跟投。

在 Web 2.0 的历史上，当用户量空前巨大、活跃之时，对用户入口的抢夺便进入了白热化的程度，浏览器、桌面、输入法，任何一个用户频繁使用的场景都会变成流量的高地，资本对流量的渴望就如同嗜血蚂蚁，疯狂捕猎。虽然 Web3 还远远没有达到如此繁盛的阶段，但是在用户接入层，资本已经硝烟不断、暗流涌动。"得用户者得天下"，这个道理已经在 Web 1.0、Web 2.0 中得到了验证，所在这在 Web3 中也会顺理成章，因此我们将有机会看见用户接入层这个领域在 Web3 中的繁荣发展。

# Web 2.0 和 Web3 竞品对比分析

在 Web3 中已开发了很多应用，虽然目前还没有渗透到衣食住行的方方面面，但也初具规模。下面将介绍 Web3 中知名的 dApp，并从 Web 2.0 中同类目 App 对比的角度，带大家领略 Web3 生态的不同。

### 1. 盈利之王——Axie VS《王者荣耀》

Axie Infinity（简称 Axie）是 2021 年最火的 Web3 游戏之一，霸占着各大排行榜，更是在 2021 年成为全球数千名玩家的收入来源。那么，Axie 的边玩边赚模式到底是如何实现的呢？又是什么让 Axie 如此特别呢？

Axie 的画面是口袋妖怪风格的，玩法类似炉石传说。玩家可以自由搭配不同属性的宠物，属性之间相互克制，宠物的能力值也有高低，技能各不相同。有的宠物血量高，可以做肉盾；有的宠物速度快；有的宠物伤害性大；有的能做辅助，等等。玩家可以通过自己的搭配，让它们组成一个小队去战斗，而在战斗中还能使用卡牌系统来影响战况。而一款优秀的策略类对战游戏，最重要的就是可以让玩家通过策略在一定程度上实现以弱胜强，而不是只要充钱就可以强者恒强，Axie 在这一点上可以说是平衡得很好。

但优秀的战斗策略还不足以让这款游戏风靡全球，Axie 游戏在 2018 年就已经推出了，但不管是在画面上还是在游戏玩法上，和传统的 3A 大作（指一些高成本、高体量、高质量的游戏）来比，它还不能进入已经审美疲劳的玩家们的"法眼"。直到 2020 年 Axie 在游戏中集成了 NFT 的概念，才把游戏推向了巅峰。Axie 利用边玩边赚和"奖学金"模式，让它不再只是一款游戏这么简单，它利用区块链技术中的 NFT 技术和区块链原生的通证系统，提供了边玩边赚的机会，也使得整个社区更加有凝聚力，这也具备了一个新型社交网络的特点。

2021 年 7 月份，处于早期测试阶段的 Axie，游戏日活跃用户已经超过 100 万，成了以太坊上第一活跃的游戏。Axie 游戏的收入也不断创下新高，在 2021 年 7 月 15 日超过了 820 万美元。相比之下，Web 2.0 游戏中最赚钱的《王者荣耀》在 2021 年 6 月，在全球 App Store 和 Google Play 中的收入合计为 2.77 亿美元，平均单日收入为 920 万美元。Axie 在短短半年的时间里，已经逼近《王者荣耀》这个 Web 2.0 时代的游戏王者。Axie 的市值也一度逼近一些游戏巨头，在 2021 年 10 月，Axie 以 299 亿美元跻身全球第五大游戏巨头。

《王者荣耀》是国内玩家都比较熟悉的一款手机游戏，主要的游玩机制是 5V5 公平对战。《王者荣耀》的游戏玩家可以在虚拟世界购买英雄、铭文、装备，然后和其他玩家进行多人对战。游戏中有海量制作精美的皮肤，大多数是以真实货币标价出售的。皮肤虽然无法提高英雄的能力值，但可以极大地提升玩家角色的"颜值"和技能的"华丽程度"，让玩家的虚荣心得到极大的满足。

对比 Web 2.0 游戏盈利之王《王者荣耀》和 Web3 中边玩边赚模式的游戏始祖 Axie，可以发现以下有趣的不同点。

### ◆ 共识创建

《王者荣耀》用 5V5 公平对战及优秀的游戏性和画面，吸引了众多玩家的共识：这个游戏能让"我"愉悦。当共识足够强大时，项目方主要通过售卖在游戏中可以满足玩家虚荣心的华丽皮肤、角色、铭文等获利。

Axie 则用相对公平的对战模式、巨大的赚钱效应，吸引了众多玩家和投资人的共识：这个游戏能赚钱，并且只要一直复投就可以获得更多收益。当越来越多的玩家进入后，项目方通过售卖游戏 NFT，并开立官方市场让玩家自由交易，而自己作为中间商赚取手续费。

### ◆ 留存因子

《王者荣耀》能让用户在游戏中直接获得愉悦感（胜利、击杀），当用户身边越来越多的玩家进入游戏后，其社交属性也越来越重要起来。在游戏中，能获得更高的段

位或在与朋友一起玩游戏时能够展示自己的技术和华丽的皮肤,都可以极大地满足玩家的虚荣心。

Axie 能让用户边玩边赚钱。看到身边的玩家每天获得高收益(而且收益越来越高),更多的玩家将会进入游戏购买 NFT 和游戏通证,这进一步推高了游戏收益。

◆ **生态建设**

第一,《王者荣耀》具备游戏"代打"机制。因为游戏中的段位和战绩的社交属性越来越强,所以出现了"代打"这个职业,即通过高超的游戏技术,收费为玩家获得更高的游戏内的段位。第二,衍生了电子竞技赛事。由于《王者荣耀》的共识及公平对战的特性,以《王者荣耀》为生的电子竞技产业因此发展得极具规模。

相较而言,Axie 增加了许多新的生态角色,如 GameFi 投资人。除了玩家群体,游戏中想投入资金以赚取超额回报的投资人越来越多;因为 Manger(投资人)不可能有大量的时间去玩游戏,所以 Axie 中首次出现了官方支持的 Scholarship(学者模式)。Manager 负责购买 Axie 角色,由 Scholar(学者)花时间和精力进行游戏并且可以分到一部分的打金收益。

Axie 具有强大的工会组织,由于代打人和投资人的对接需求越来越多,因此孕育出大大小小的链游打金工会,统一管理投资人和打金的 Scholar。诸如 Yield Guild Gaming(YGG)、Merit Cycle 这样资产过亿的大型链游工会,都是在这一波 GameFi 热潮中应运而生的。和工会不同,链游工作室是由一个老板投资购买 NFT 和设备,通过多个 NFT 角色队伍形成规模效应,负责打金的员工领取固定的工资。而学者模式更像是一个链游投资的合作者,他们的收入是根据游戏资产的波动而波动的。

### 2. 用户至上——STEPN VS Keep

STEPN 从 2021 年 11 月发布以后,大量用户加入了 STEPN 跑步大军,拥有一双 NFT 跑鞋,每天跑步、铸造新的跑鞋赚取收益,很多人的收益甚至数倍于自己的工资收入。而他们自己也从一个每天对着电脑的"上班族",变成了每天风雨无阻跑步的

"跑男""跑女"。截至 2022 年 5 月，STEPN 项目在半年的时间里积累了 50 万用户和近 14 万的日活用户。从 2021 年 11 月 3 日以来，STEPN 这款游戏就一直在 Beta 测试网上运行，还邀请了来自 43 个国家和地区的 1000 多名玩家参与，更实现了每周超过 70% 的玩家留存率。

STEPN 是 Web3 上的一款边运动边赚钱（Move to Earn）的 NFT 游戏（也是 GameFi 的一种），愿景是推动众多用户向更加健康低碳的生活方式迈进，并将他们带入 Web3 的世界中。拥有一双 NFT 跑鞋，你就可以开始自己的边跑边赚的旅程。当你用几天时间将跑鞋提升到一定的等级以后，每天跑步就可以赚取更多收益。同时，你可以使用两双跑鞋和消耗一定数量的通证铸造一双全新的跑鞋，这双跑鞋也会拥有和"母鞋"一样跑步赚取通证的作用。

随着 Play to Earn 模式的流行，越来越多的 X to Earn 模式将逐渐成为趋势。未来人们的收入将包含我们生活中做过的一系列事，如玩游戏、学习、运动等。而 Move to Earn 便是将运动与获得报酬相结合的一种全新的赚钱模式，甚至有用户表示，这真的很适合外卖从业人员。

从游戏机制来看，除了传统 GameFi 的通证经济模型系统以外，STEPN 在游戏中还通过编程技术实现了技术创新——运动量证明，这是通过在区块链上记录用户的运动数据来实现的。通过重力感应技术和对真人跑步时的重力正弦曲线的分析，STEPN 对于用户是否在真实跑步进行了精确的判定，并且只向真正进行运动的用户发放奖励。

根据官方文档显示，通过 STEPN 自主研发的 GPS 识别技术，STEPN 的 GPS 测距精度比主流传统跑步软件高 70 倍，实现了精准定位。

NFT 的价值取决于供需关系，其实稀缺性一直是一个相对的概念，只要需求多于供给，就会显得稀缺；只有当某种东西显得稀缺时，其稀有性和独特性才会有价值。因此，STEPN 的愿景是把 NFT 设计分成两层，在满足其应用价值的同时，使其成为韦伯伦商品（炫耀财产）。第一层价值是具有多功能，NFT 跑鞋是有实质用处的，可以用来产出 GST 通证给跑步者带来收益；第二层价值是能够炫耀，NFT 跑鞋可以通过我们的社交元素与跑鞋定制元素进行放大，成为一种炫耀的工具。

> **名词速查**
>
> 韦伯伦商品又称炫耀财产,在经济学上用于描述一种商品,其特色是商品需求与商品价格成正向关系,而非正常需求法则的反向关系。这种商品能满足人类的虚荣心,对财富与地位的炫耀,故称为炫耀性消费。

STEPN 具有简单易上手、机制公平、用户对跑步的黏性、极高的配速和跑步距离的炫耀等特质,使其在众多 GameFi 游戏中脱颖而出,在日本 2022 年 4 月 STEPN 的总下载量一度超过了 Web 2.0 世界中运动领域 App 的王者之一 Nike 运动。当项目参与的人数越来越多、共识越来越强,用户跑鞋的价值会随着市场的火热而不断提升,跑步的收益也会逐步增长。

在国内 Web 2.0 健身圈,大家比较熟悉的可能是 Keep。Keep 是一款提供健身视频课程的 App,也是健身爱好者的随身教练社区。不管我们是不是居家健身的爱好者,多多少少都在朋友圈看到过自己好友晒出的各种任务完成截图,正如经常看到 STEPN 跑友晒出的跑步战绩和收益。在"流量为王"的时代,用户是各类 App 争夺最激烈的资源。Keep 自上线以来,拥有过亿的用户体量,一路走来,其用户增长和活跃用户数量乃至用户规模一直在行业前列。

可以看到,STEPN 作为首款拥有挑战 Web 2.0 运动 App 的运动类 dApp 项目,因为区块链的原生技术,它实现了很多在 Web 2.0 中难以实现的功能和价值。

### ◆ 用户数据确权

STEPN 将用户跑步数据、距离数据进行识别和确权,并结合跑鞋 NFT 为用户提供收益。

### ◆ NFT 养成

只属于用户的 NFT 在不断养成后,可以提供越来越高的实用价值,并且可以随着项目的发展而增值。

## 第 5 章　创投视角下的 Web3

◆ **高参与度**

STEPN 跑友可以与项目创始人直接对话、高频互动，未来更有通过游戏中的治理通证共同参与游戏治理的可能。

数据显示，全球有超过 4 亿的跑步应用用户，超过 10 亿人将步行、慢跑或快跑作为一种锻炼方式，因此 STEPN 蕴藏着巨大的市场潜力。2021 年，线上健身行业获得了 33% 的年增长率，如果能够在这一领域实现拓展，就意味着 Move to Earn 游戏可以推动数百万人进入 Web3 市场。

### 3. 品牌之争 Yuga Labs VS Disney

2022 年 4 月 30 日，由 Yuga Labs 主导的 The Otherside 元宇宙项目进行了土地公售，由于抢购异常火爆，只有几个小时的时间，一共消耗掉 55614 ETH 的交易手续费（Gas 费），当时的价值超过了 1.5 亿美元。这也导致了几小时内以太坊网络拥堵到几乎崩溃，一笔简单的交互都需要上千美金去运行。要知道，Yuga Labs 公布的元宇宙项目只是在 3 月份公开了一段预告影片，并且从未正式开发过游戏，为什么他们的土地会如此火爆呢？

Yuga Labs 是著名的 PFP 类 NFT 集合和生态系统 BAYC（Bored Ape Yacht Club，无聊猿游艇俱乐部）的创建者，在 NFT 市场上，无聊猿系列是顶流中的顶流。在牛市中，一枚猿猴 NFT 的平均成交价高达数百万元，即使是 2022 年下半年加密市场进入寒冬之后，其仍旧是 NFT 系列中最为保值的系列之一。BAYC 并不是一个真的游艇俱乐部，而是一个由 Yuga Labs 创建的一万个猿猴 NFT 的集合，其中每一个猿猴都有自己的着装和造型，虽然它们看起来有点像，但又有自己独有的特征。后来这种构建头像 NFT 的手法，也被称为生成艺术。这些猿猴非常具有辨识度，每只长得又都不一样，因此会被买家买来作为头像，人们也很喜欢把它们称为 PFP。

在 PFP 项目中，无聊猿并不是第一个，它的设计灵感来自一个叫"加密朋克"的项目（Crypto Punks）。你也许不知道加密朋克，但你应该见过这种由算法生成的 24×24 像素的艺术头像图片，每一个图片中都有一些随机属性，如有的有头巾，有的有烟斗、帽子。加密朋克是由幼虫实验室（Larva Labs）的一个两人团队（Matt Hall 和 John Watkinson）开发的，两个人因为都很喜欢赛博朋克，于是以此为灵感开发了一个元素化头像生成器，于 2017 年通过加密算法在以太坊上生成了 1 万个独特的头像，任何感兴趣的人都可以免费获得（只需要支付以太坊的交易费用）。后来随着越来越多的名人和艺术家开始使用它们做头像，加密朋克的名气也越来越大。最具有代表性的就是 Jay-Z，他在 2021 年 6 月用了一个 Punk 的 NFT 作为他的推特头像，自此之后这个系列的火爆程度越来越高。在 2017 年用户可以免费获得的 NFT，在 2021 年涨到了数十万美元。

Yuga Labs 在看到了加密朋克的火爆程度之后，觉得自己的机会来了，对无聊猿在加密朋克的基础上，还进行了权益升级。买家购买相应的 NFT 之后，就可以加入一个独家俱乐部，加入之后可以获得使用自己所购买的 NFT 的商用权利，还有机会获得后续发布的 NFT 的抢先购买权。除了这些，无聊猿的艺术表达也非常具有辨识度，加上独特的赋能，无聊猿和它的"鼻祖"加密朋克一样，在短时间内成为最火爆的 NFT 项目之一，价格也被炒作到了数十万美元一枚。然而，Yuga Labs 团队从构思到公售，只花了一年的时间，就创造了一个 30 亿美元的项目。

Yuga Labs 开发的元宇宙游戏 Otherside 进行公开土地售卖，结算交易需要通过 Apecoin DAO 推出的 ApeCoin 通证进行。Otherdeed 是为该游戏设计的全新 NFT，是某种虚拟土地的凭证。发行的 30000 块土地被空投给了"无聊猿""变异猿"的持有者，并公售另外的 55000 块土地。发行价格为 305 APE，仅支持 ApeCoin 通证结算。2022 年 3 月 12 日，Yuga Labs 宣布已经从 Larva Labs 手中收购了 Crypto Punks 和 Meebits 这两个 NFT 系列，包括品牌、艺术版权和其他知识产权。根据 CrunchBase 数据显示，2022 年 3 月 23 日，Yuga Labs 以 40 亿美元估值完成了 4.5 亿美元融资，由 a16z 领投，Animoca Brands、LionTree、Sound Ventures、Thrive Capital、FTX、MoonPay 等参投。这是什么概念呢？Facebook 是硅谷创业公司的代表，而 Facebook 用了数十年的时间才成长为一家几十亿市值的企业。也就是说，"无聊猿"用仅仅一年的时间就达到了 Facebook 数十年的发展速度。

融资之后，Yuga Labs 希望打造一个围绕 NFT 的媒体帝国。这种通过收购 IP 的方式来扩张的媒体帝国，包括我们熟知的迪士尼公司。从本质上讲，Yuga Labs 的这种操作方式，和我们熟悉的迪士尼公司非常类似。迪士尼在最近十多年间，收购了诸如皮克斯动画工作室、漫威影业、卢卡斯影业、21 世纪福克斯等公司，这些收购让迪士尼公司获得了娱乐领域诸如漫威超级英雄、星球大战、辛普森等有号召力的公司，来打造和巩固自己庞大的媒体帝国。

Yuga Labs 有没有希望成为像迪士尼一样的巨头呢？要想市值超过 2500 亿美元的娱乐巨头迪士尼绝非易事，然而，随着 Yuga Labs 拥有越来越多的 IP，这种可能性越来越高，Yuga Labs 有望整合 NFT 所有知名的 IP，并期待像迪士尼一样形成聚合效应。"除了受人喜爱的 IP 之外，消费产品是能够接触到主流观众的东西。"至于 Yuga Labs 能否成功，目前还没有答案。这是一场必然会在未来一两年内上演的对话。但如果效仿迪士尼，让剧本如 Yuga Labs 期望的方向去发展，对于 Yuga Labs 及其所有支持者来说，机会将是巨大的。

## Web3 世界的华人之光

Web3 在全球爆火，自然缺少不了华人的身影，许多影响力卓越的 Web3 团队都有我们华人的背景。下面列举几个典型的 Web3 项目，借此激励更多创业者创新并投入 Web3 的发展中。

### 1. RSS3 ——打通 Web3 时代的内容分发和确权

Hope that RSS3 can help creators regain their own rights from centralized content platforms, making the Internet what it should be, and re-bring the flower we once saw but has forgotten its name.（希望 RSS3 可以帮助创作者从中心化的内容平台中夺回自己的权利，让互联网成为它应有的样子，重新带回我们曾经见过却忘记名字的花朵。）

——RSS3 官方播客

在探讨 RSS3 项目之前,我们先了解一下在 Web 2.0 的世界中,信息流动是如何发生的。Web 2.0 中的数据存在创作、存储、分发这几个步骤,如果以抖音或者小红书为例,对应的就是 UP 主拍视频并剪辑、在社交平台服务器上进行发布、由社交平台推送视频并将视频呈现给用户。在前文中我们已经了解到,这种模式的最大问题有三个。

- 创作者对内容没有产权。创作者创作的数据并不真正属于自己,平台可以根据自己利益随意删除创作者的内容,且不会有任何赔偿甚至连说明都没有。
- 用户兴趣变窄。平台算法倾向于推送用户浏览得多的内容,信息"茧房"由此产生。
- 内容分发依赖平台。所有的数据分发依赖于数据平台,如果平台不再存在,那么所有的内容订阅都会消失。

Web3 的一个最大创新就是用户创造数据并拥有数据。那么在 Web3 时代,我们如何分发和创造 Web3 世界中的数据流动和分发标准呢?早在 Web 1.0(门户网站)时代,为了跨门户网站去高效地获取优质资讯,诞生了 RSS 订阅器这样的产品。RSS 订阅器让用户无须访问不同的门户网站,就能同时从各个门户网站获得自己需要的优质信息生产者更新的数据。简言之,如果 RSS3 和去中心化内容创作得到了普及,那么用户自己能够掌握内容的所有权和订阅权,可以不以中心化平台的方式进行内容聚合和呈现。

Web 2.0 的内容创作和社交是内容创作者生产数据以后,平台拥有数据,并向用户分发。Web3 则是内容创作者生产数据并拥有数据,用户可以构建以自身需求为中心的去中心化订阅,通过去中心化媒体直接订阅内容创作者生产的数据。

目前 RSS3 生态中有代表性的产品有 RE-ID——推特上发布的内容可以被映射并永久存证于 RSS3。RE-ID 通过一个 Chrome 浏览器插件,让社交平台推特上的内容可以映射到 RE-ID 上,并且保存成 RSS3 专用的文件格式,间接实现用户对自己发布的内容的完全掌控。就算推特完全停止服务或者内容被删帖,用户之前发布的内容还是可以在 RE-ID 上显示,这样内容创作者就自己拥有了内容的产权。我们可以在 RSS3 的路线图中看到,RSS3 致力于统一区块链世界中内容存储、订阅和传输的标准,作为链接和过渡 Web 2.0 和 Web3 的纽带,未来可能会更多地拓展到其他内容平台。

Web3 Pass 是 RSS 生态里一个可以建立个人门户、创建去中心化个人主页的应用。为了做到一站式订阅和展示内容，RSS3 已经初步构建了 Web3 Pass 的功能。个人主页并不依赖于推特或者 Instgram 等中心化网站，里面展示的内容从原理上讲是通过用户的去中心化钱包来关联的。即钱包地址全网可见，他人输入后即可访问用户的个人主页并查看信息，他人也可以通过这个地址来关联用户在各链上拥有的 NFT 及发布的内容。它可以集中式展现以下内容。

- 某个地址内所拥有的所有 NFT。
- 某个地址内的捐赠记录。
- 展示个人在其他应用中发布过的文章内容等。

Revery 则是 RSS3 生态里一个可以创建以用户为中心的去中心化订阅器。在 Web3 Pass 的基础上，Revery 可以构建以用户为中心的去中心化订阅，帮助用户通过地址和域名搜索功能来订阅某个用户的内容发布；可以让用户通过兴趣标签来筛选自己感兴趣的话题，如铸造 NFT、捐赠、内容创作等。完成以上两步后，用户的主页上将出现一个信息流聚合和订阅区，这里会展示用户订阅的所有其他用户的动向，例如，A 今天得到了一个 NFT，B 今天发布了一篇文章等。另外，用户还可以通过 Revery 推荐的用户和地址，去探索其他可能喜欢的内容。

RSS3 团队方面，其实项目方并未主动公布过项目主创人员的实名信息，但从公开信息显示，贡献代码最多的 Natural Selection Labs 里的很多成员使用的都是中文。

## 2. Galxe——累积你专属的链上成就勋章

2021 年 12 月，一个非常特别的凭证数据类 NFT 发布平台突然进入人们的视野。在圣诞前夕，一个名叫 Galxe 的 NFT 任务平台发布了一个 14 条的系列任务，并告诉大家，如果能完成 14 个任务中的 12 个就将被授予项目方的圣诞终极 NFT，并明示会在有朝一日获得通证空投。一时间 Web3 圈内的用户纷纷研究如何获得这些任务的路径。仔细研究以后发现，这一系列任务虽然看似只是和各个项目方合作搞活动，实则涉及区块链世界中的通证兑换、质押生息、杠杆交易、跨链、首次通证发行、去中心化订阅和通证治理等各个领域。看似普通的 14 个任务，其实可以说是对用户链上技能的一次"大考"。因为区块链在 Web3 世界中的永久存证、用户拥有数据等特性，使得完成"大考"中的规定动作之后，无须进行任何的人工审核，用户会自动被授予响应的 NFT 作为奖励。

◆ **链上数据的收集和整合**

我们当前的身份系统是分裂的，不同中心化网站上有不同的身份系统，用户每使用一个新的网站都需要注册一个账户（如微信、淘宝）。随着身份的逐渐增多，将会给用户带来许多不便。不过演化到现在，虽然许多网站已经可以提供第三方登录，但是我们的身份系统还未统一。也就是说，我们不能凭借一个账号，只用一个身份系统，登录所有网站，汇集所有痕迹。Galxe 希望通过链上、链下多个维护来搜集"凭证数据"（包含用户在多条主流区块链上的行为和交互记录，以及在主流社交软件上的记录），并通过链上和链下的数据提供静态快照甚至实时状态查询，从而把一个身份的所有数据汇集于一处，实现汇集个体的所有"痕迹"。

◆ **构建和分发 NFT 徽章**

Galxe 为项目开发人员提供应用程序入口和数据服务，一方面可以帮助开发人员通过访问用户行为数据，构建用户激励模型。另一方面可以帮助项目方针对符合特定条件的项目的贡献者发放 NFT 徽章及 OAT（On-chain Achievement Token，链上成就通证）徽章，这记录了用户跟特定项目相关的所有成就。用户所有的链上成就，都可以按照一定的规则，被铸造成一枚枚 NFT 徽章，比如，是 Uniswap 的交易员，参加过 ×× 活动，参与过 ×× 游戏并获得了 ×× 胜率，等等。

◆ **创建去中心化身份体系**

Galxe 的终极目标之一，是构建个人的去中心化身份识别体系。

例如，毕业证书可以证明我们就读过某个院校，奖励证书可以证明我们获得过某项荣誉，专业技能证书可以证明我们自身的工作能力，这一张张的标签串联起来足以刻画出我们的生活轨迹。不只如此，游戏中我们拥有段位证明，工作中我们拥有经历证明，就连刷视频的时候也会被大数据推送符合我们兴趣偏好的内容，背后隐藏着我们的标记证明。千千万万人生活的轨迹，构成了属于我们的一串串数据凭证。不过，这些凭证都被隔离在相对封闭的数据库中。我们的学历证明存在于官方机构中，信贷记录存在于金融机构中，我们在一个 App 中的行为习惯仅在相关联之处体现。

在 Web3 中，当用户在一些借贷项目（如 Aave 或 Compound）中进行抵押贷款且及时归还、未被清算、无任何不良记录时，生成的凭证就记录并证明了该用户的良好信用。其他平台或借款人也可以凭此证明衡量借出款项的额度、风险性等因素。当用户在新项目启动后，有无参与项目，做过多少贡献，曾有过何种投票历史，用户的所有行为数据都可以生成凭证，社区即可根据这些凭证按比例奖励贡献者。

在 Web 2.0 世界里，当前机构间的封闭性导致这些信息并不对本该拥有这些数据的个人或需要这些数据的应用程序开放，这也造成了当前分裂的局面。在 Web3 的世界里，Galxe 则想通过建立一个开放的凭证数据网络来帮助用户解决当前问题。

## 3. ParaSpace

NFT 资产和艺术品比较类似，流动性通常比较差，为了解决这个痛点，NFTFi（NFT + DeFi）正逐渐成为一个新兴的赛道。顾名思义，NFTFi 就是把 NFT 资产和 DeFi 的模型结合，可以为用户提供抵押、借贷、质押等金融衍生服务，而 ParaSpace 就是其中一颗新星。

ParaSpace 成立于 2021 年，它允许 NFT 持有者通过质押 NFT 来获得金融信用，凭借抵押物借出 ERC-20 代币，比如 USDT、ETH 等，另外，ERC-20 代币的持有者也可以通过存入这些资产获得利息，这样就完成了匹配。这样做可以让 NFT 持有者在不卖出的情况下可以灵活获得流动资金，有闲置资金的人也可以放入质押池内获得利息。

除此之外，ParaSpace 探索了很多创新模式。针对其他 NFTFi 平台点对点（Peer to Peer）借贷模式匹配效率较低的问题，他们在质押 APE 的服务中启用了点对池（Peer to Pool）新模式，NFT持有者可以直接从质押池内借出资产而不用等待漫长的匹配过程。在用户完成质押后，ParaSpace还有一个独家功能——自动复投，可以将质押获得的利息再自动质押，帮助用户获取更高的利息。

一般质押类服务都是采用逐仓保证金制度（Isolated margin），ParaSpace率先开创了基于全仓保证金制度（Cross margin）的信用系统，这样做的好处是NFT持有者可以用所有的抵押物作为抵押来获得单笔借出的信用凭证。通过这个机制，他们继续延伸出了"首付购"的创新举措，用户可以直接使用这个信用系统支付标价的一小部分就可以买入价格昂贵的蓝筹NFT，或者直接对所有公开的NFT市场进行竞价下单，在竞价单被接受之前也不用支付利息。

以上创新举措极大提升了NFT资产的流动性，让NFT具有更高的实用价值。ParaSpace凭借产品创新正在快速崛起，截至2023年2月已经质押了超过6000万美元的ERC-20和ERC-21资产，为用户提供了超过1500万美元借贷。

## 4. 从LooksRare到X2Y2

长久以来，OpenSea在NFT交易市场占有90%以上的交易市场份额，月度手续费交易收入超过了2亿美元。诚然，巨头的路并非一帆风顺，秉承着"做一个长期的NFT交易平台"的理念，熬过了上一轮的加密寒冬，才有了如今的辉煌。然而，OpenSea的辉煌成绩离不开加密领域过去几年的繁荣，以及一大批忠实的NFT用户的支持。

不过OpenSea一直以来受到的批评也不断，中心化的高手续费也被指责"不太Web3"，而且最终得益的只有自己公司，用户完全没有得益。但OpenSea在成为NFT独角兽且越做越大的时候，好像并不在乎这些。对于用户和早期参与者是否能获得回报，OpenSea认为不重要，所有的平台收益只分给股东和投资人，用户什么也没得到。OpenSea此前甚至说要进行首次公开募股，这也引发了社区极大的不满。2022年2季度爆出的多起OpenSea内部员工违规进行内幕交易以获得巨额收益的新闻，也把这个中心化运营的NFT交易市场巨头再次推向风口浪尖。

2021 年 12 月，正是区块链行业最火热的时候，各种通证空投几乎每天都会横空出世，为圈内的人带来各种造富效应。其中，针对 OpenSea 用户的空投一时间成了热门之选。从 OpenSea 到 LooksRare，种种"吸血鬼攻击"应接不暇，这似乎既是宣泄对 OpenSea 的不满，同时又在不断尝试建立一个新的秩序。

> **什么是"吸血鬼攻击"？**
>
> 举个例子，2020 年发生了一次臭名昭著的"吸血鬼攻击"事件。当时 SushiSwap 推出了一个与行业领先的 Uniswap 平台非常相似的去中心化交易平台，它会给予那些将资金从 Uniswap 迁移到 SushiSwap 的用户 SUSHI Token 作为奖励。用户除了能享受到 SushiSwap 上更低的交易费用以外，SUSHI Token 持有者还将获得平台的治理权。
>
> 最终，由于 Uniswap 用户将 12 亿美元的资金转移到了 SushiSwap，Uniswap 的流动性出现了短时间内的下降，而 SushiSwap 也兑现了自己的承诺，向用户发放了 Token 奖励。之后 Uniswap 的流动性也恢复到了原先的水平，而且他们也推出了自己的 Token。即便如此，SushiSwap 的流动性在较短的时间内还是得到了提升。

2022 年 1 月的某一天，一个名叫 LooksRare 的 NFT 交易市场横空出世，一时间霸占了区块链领域所有人的眼球。LooksRare 只专注"鲸鱼用户"，即面向 OpenSea 上交易量超过 3ETH 的所有用户空投 LOOKS 通证，要求只是需要在 LooksRare 上进行买卖交易即可领取，一时间让曾经在 OpenSea 上的交易者们趋之若鹜。而 LooksRare 也以此来标榜自己的去中心化和通过 LOOKS 通证实现社区治理。

但事实真的如此吗？其实 LooksRare 在去中心化上仍然存在一些严重的问题。

● 只专注吸引"鲸鱼用户"。LooksRare 将目标锁定在 OpenSea 上交易量超过 3ETH 的用户，而这部分用户在当时只占 OpenSea 上所有活跃用户的 20% 左右。

- 缺乏透明度。在 LooksRare 发布前，项目方就以不公开的价格向投资人分配了大量 LOOKS 通证，并提前进行质押，获取了大量 WETH 的手续费奖励。
- 刷交易量。虽然通证奖励帮 LooksRare 快速获得了大量用户和交易量，甚至交易量曾一度超过了 OpenSea，但实际上有大量的交易都是通过刷单来实现的。

这个时候，破局者 X2Y2 横空出世。X2Y2 旨在通过通证经济学来解决 LooksRare 存在的上述问题。

- 普惠式空投。和 LooksRare 专注鲸鱼用户不同，X2Y2 的通证空投针对的是在 2022 年的第一个区块之前，所有在 OpenSea 交易过的 861417 名用户，且没有领取到期日。（空投的领取条件和 OpenSea 类似，是在 X2Y2 上架响应的 NFT，并且不高于在 OpenSea 上架的价格。）
- 没有不透明的前期投资者和私募，即没有任何私募销售。
- X2Y2 不进行通证交易挖矿，仅提供质押奖励机制，所以不存在虚假交易刷单，X2Y2 给通证持有者分配的奖励是来自前一天的交易手续费。

早期 OpenSea 把握住了"多"和"好"两个市场命门，以及围绕产品本身进行打磨的长期主义。在一个尚未完全开发的蓝海市场中，一个好用的平台，自然会吸引优质的产品和交易者，从而产生光环效应。OpenSea 最终能成长为一个巨头，并且现如今地位异常稳固，也正是得益于它无可撼动的藏品种类，几乎市面上讨论的每一种 NFT 都能在 OpenSea 上找到，且通常来说，价格合理。

就现状而言，OpenSea 仍是当前的领头羊，X2Y2 处于挑战者的地位，短期还不能对 OpenSea 造成威胁。大部分的用户买卖 NFT，首选依然是 OpenSea 平台。但是对于刚上线的 LooksRare 交易平台，X2Y2 或许能有更大的挑战机遇。虽然在活跃用户数上，目前 LooksRare 和 X2Y2 两家竞争者加起来也难以撼动 OpenSea 的地位，但在短短几个月时间里，市场上能诞生新的破局者，这对用户来说无疑是多了很多选择及惊喜。虽然两家 NFT 市场的初创团队保持匿名，但各种消息表明，其实这两家"去中心化"的 NFT 市场，创始团队都是华人背景，这也让我们看到了努力的华人团队在 NFT 领域的一次重要的尝试。

回顾目前 NFT 市场走过的不算长的历程，可以发现，目前的 NFT 市场仍是由少数"巨鲸"玩家主导的。在这种情况下，要打破 OpenSea 的垄断地位，可能并不容易。但在 Web3、NFT 和区块链将更多地走向大众的大背景下，更加去中心化、注重社区导向的 X2Y2 也许会打拼出一番新的风景。

## 5.3 预见 Web3 投资新范式

Web3 给创投圈带来的最大冲击并不是巨大的机会诱惑，而是对投资模式本身的颠覆。从 Web3 归属权是社区这一基调确定开始，风投机构和 Web3 项目的关系就变得微妙起来，因为 Web3 本质上是反垄断、反风投机构的。由此孕育的新范式正在慢慢落地生根，新的募资、投资及投后管理方式都在悄悄发生变化。

### 新投资范式落地生根

进入 2022 年以来，关于 Web3 的热度越来越高，如知名机构投资它，投资人关注它，社交媒体在讨论它。Web3 带动了资本的热情，国际知名投资机构频频出手。如今投资界已经分为了"新世界"和"旧世界"，两大世界的支持者的界限泾渭分明。未来的公司会被项目代替，股权会被通证代替，股东会被 Staking（权益质押）代替……对于现在的创业者和投资人，其面对的最大的敌人就是自己的范式逻辑。

Web 2.0 企业的融资模式是先获得大量用户，然后想办法赚钱，如 Instagram、Facebook、Snap 等知名互联网巨头。就连谷歌也采用了这种策略，并凭借对 DoubleClick 的收购才有了今天的成就。要知道，最开始谷歌只是一种很酷的技术，并没有优秀的商业模式。而 Web3 创业公司采取了相反的方法：首先获得大量资金，然后是获得大量用户。Web3 融资范式发生的巨大变化，影响了创业的方方面面，所有人在摸索中前进，至今仍然没有人能够画出蓝图。就像 2015 年没有人预测到以太坊能够有机会超过比特币，2018 年没有人预测到 2020 年的热点竟然是 DeFi。如果创业者和投资人仍然以旧范式的思维逻辑来对待 Web3，肯定会错过大量新生机会。

当新的范式来临的时候，传统的商业逻辑和成功路径不再有效。在习惯于旧范式中成功路径的人们眼中，新的范式总会被标记为泡沫甚至骗局，但是没有力量可以阻挡范式的转移，唯有重建自己的逻辑框架。

在 Web3 时代，从创业融资角度来看，用户和投资人融为一体，原来的投资人需要做出比投入资金更多的贡献。正如以太坊的通证 ETH，用户既可以用 ETH 来支付转账 Gas 费用，在 ETH 2.0 时代又可以用 ETH 来参与公链治理。区块链项目的通证的使用范围超出了传统的股权范畴，用户既需要通证来使用产品，又享受了类似于股权红利的通证增值红利。

从风险投资角度来看，未来的风险投资人不仅仅需要提供资金，还需要为项目提供初期的流动性资金、Staking 和治理服务。由于通证的发行和交易不再有清晰的界限，不管是 PoW 还是 PoS，矿工都参与了链的治理，因此对未来的风险投资，要求矿工从技术底层到抽象治理全部参与。

Web3 范式下基于 DAO 的治理模式，让创业者不得不学习寻找、召集、管理、激励一群从未见面的团队成员；将不得不学习从一开始就像上市公司管理股东一样管理自己的用户；将不得不学习设计和开发超出软件工程范围的激励经济体系。而风投机构将不得不适应投资一个项目而不是一个团队，不得不适应放弃自己的董事会席位而让位于 DAO 治理。

投资范式的转移根本上源于技术底层的创新。从中心化的网络节点到分布式、去中心化的网络拓扑结构，注定引发商业模式的变化，进而直接改变底层投资逻辑。那么，Web3 的投资会被 a16z、红杉、Paradigm 垄断吗？会，也不会，至少在现阶段出现了基于区块链的新投资模式，而且日益成为主流方式。

投资 DAO，是 Web3 原生体系下进化出的基于 DAO 的新兴投资范式，其核心在于协调、组织一个集体，更好地完成投资决策、获得更多沟通、治理参与和灵活地退出。这种模式可以有效降低传统投资模式中的摩擦，如法律、行政、汇率、结算等方面的摩擦。简单来说，投资 DAO 可以借助区块链，让更多普通人通过几次点击就能完成媲美优秀投资机构的所有流程。

通常情况下，投资 DAO 的工具包首先包括了法律框架。虽然作为一个去中心化的组织，DAO 的成员可能来自全球各地，归属不同的法律管辖范畴，但根据现有的法律，营利性组织的成员需要完成基础的 KYC（Kown Your Customer，了解你的客户，相当于实名认证）或者 AML（Anti-Money Laundering，反洗钱）验证，并且需要限定投资人数（美国要求最高 99 人）。

The LAO 由 OpenLaw 创立，是第一个专注于遵守美国法律的 DAO，在 Web3 和美国法律体系探索中走在了前列。The LAO 的框架被诸多投资 DAO 当作范本参考，美国的怀俄明州已成为第一个在法律上承认 DAO 为实体的司法管辖区。通过验证的合格投资者可以购买 The LAO 带有投票权的"股份"，但每个成员的上限为 7.2%。通过这种框架，The LAO 投资了包括 Zerion、Reflexer Labs、Async Art 等在内的诸多 Web3 项目。

投资 DAO 拥有智能合约控制的、强大的资金归集、管理和赎回工具包。Gnosis Safe 是一个常用的、可信的多重签名智能合约，通过这个工具投资 DAO 可以完成基于美元的稳定币（USDC、USDT 等）或者是 ETH 的募集、分配工作。所有资金被存放在一个被称为"国库"的智能合约上，签名持有者需要按设定的规则达到一定比例的签名后才可以操作资金，所有操作都可以在区块链上公开查看。所有出资人可以获得相应的治理通证，代表了投票治理权益，通过 Tally、SnapShot 等工具可以完成投资决策投票，并且，所有决策达成（包括通过、否决、放弃）后可以自动触发智能合约操作

"国库"资金，多签完成后即可完成执行。Moloch DAO 则创造了一个被称为"RageQuit"的机制，可以在投票和执行之间设置一个时间差，让每个成员都可以选择在投资执行之前以自己在"国库"中的资产比例份额退出。RageQuit 为投资集体的成员提供了一个全新的保障，这在传统金融中是不可能的。在共同决定不能反映个人的价值或目标时，投资集体中的个人有权选择退出投资。

## 起底 Venture DAO 颠覆式创新

Venture DAO 是一个由社区管理的团体，旨在投资社区的联合资本，也即风险投资 DAO。

截至 2022 年 7 月，Cult DAO 总市值约为 7600 万美元，"国库"规模为 698.9ETH，已投资金额为 949ETH。专注投资 NFT 的 Pleasr DAO 初始资金为 52.5 万美元，资金规模为 8360 万美元。Azer DAO 管理基金规模约为 600 万美元。The LAO 管理的资产约为 3150 万美元，GCR（Global Coin Research）投资规模已超 3100 万美元。它们为何在 Web3 投资领域突然杀出重围，并愈发令传统基金坐立不安？

加密世界的迷人之处在于它的不断迭代，而 Web3 快速迭代的核心秘密就是超结构（Hyperstructures）的概念。Zora 的联合创始人 Jacob Horne 关于"超结构"的解释是"可以免费和永久运行的加密协议，无须维护、中断或中介"。它们"完全在链上，是公共产品"。Web3 引入了 DAO 治理的概念，任何人都可以在组织中进行 DAO 的构建，最后组织会奖励做出贡献的构建者和参与者，而整套运行机制在未来许多年将服务于整个组织，超结构将支撑一个全球性的、流动性的数字和实体商品市场。DAO 的这些特点可以解决传统市场上的投资基金存在的不透明、易被决策者操控等种种问题，于是 Venture DAO 应运而生。Venture DAO 能够利用加密货币的全球融资市场。此外，当项目产生成功的结果时，钱会回到 Venture DAO，社区可以投票决定用收益资助其他哪些项目。

在传统风险基金中,资金的主要来源通常是大型基金,如养老基金、公益基金和战略企业投资者。

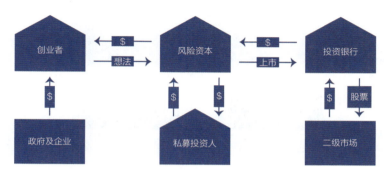

传统的风险资本的运营模式(《哈佛商业评论》)

除了投资机构,拥有大量资金的个人可能会倾向于投资风险基金,他们认为这是早期接触新兴初创公司的绝佳方式。这里有一个中间层,也就是基金中基金,从历史上看,这伴随着权限问题。一方面,大量资金通常无法接触到基金经理中优秀的后起之秀。另一方面,最好的基金经理可能很难找到好的资金来源。从谁那里筹集资金通常与在管理基金时投资的内容一样重要,这也是老虎环球管理基金(Tiger Global)的朱利安·罗伯逊(Julian Robertson)最初投资的许多基金经理成功的部分原因,这就是风险投资领域人脉圈概念的延续。

Venture DAO 打破了这种关系,借助超结构、通证化及经济和治理模式的快速迭代,Web3 正在解决人们遇到的复杂又充满挑战的原有投资拼图问题,它允许世界上的任何组织和个人走到一起,建立一个风险投资基金。相比传统的、不透明的风险基金管理模式,它让风险投资更加全球化。无论是房子、汽车、项目融资还是公司所有权,Venture DAO 将这些资产带到了链上,将把它们与全球资本和流动性池,以及所有在 DeFi 中创建的"货币乐高"连接起来。从前人们拥有的大多数东西,如房地产、小企业等,都无法获得流动性、进行杠杆交易等。通过 Venture DAO,小企业主可以获得更便宜的资本,房主可以获得更具竞争力的房屋净值贷款,用户可以无缝地拥有他们使用的产品的一部分。

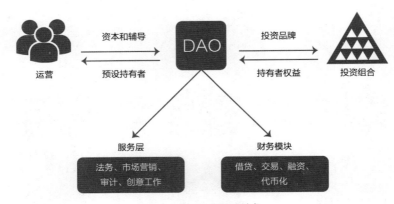

Venture DAO 的运用模式

过去风险投资机构集中在硅谷附近，正是出于这个原因，像 a16z、红杉和 Accel 这样的大型基金都有区域基金，而现在风险投资已成为全球范围内的游戏。基于 DAO 的风险投资基金可以更有效地在全球范围内进行投资，因为它们能够吸引和留住人才，而传统公司由于依赖传统银行和传统机构等基础设施而无法做到这一点。在加密原生社区中，使用稳定币投资新组织已经司空见惯，这将很快扩展到非加密原生群体，这便是 Venture DAO 的闪光之处。

尽管风险投资作为一种资产类别在过去几十年中激增，但没有理由相信它能满足市场对资本的要求，这还要看这个行业内的共识。然而 DAO 可以通过将资金分配给投资不足的组织和个人来颠覆这种模式。当我们可以拥有 1000 个真正的投资者时，为什么要将自己的收入限制在 1000 个真正的"粉丝"身上？资本市场正在经历与创意产业相同的演变，刚开始都需要很多可信度，并经历一个由知名机构选择的策展过程。

在 Web3 时代，随着社区、投资人、用户角色重叠，投资范式发生了巨大的变化，风险投资机构不得不调整自己以适应新的情况。在这些范式中，直接投资于 DAO 是非常重要的一条。风险投资人逐渐将自己发展成为连接资本与 DAO 的网络节点，通过 DAO 触达更多样化的投资标的。Not3Lau Capital 和 eGirl Capital 等公司专门从事这方面的工作，它们主要通过旗下加密行业的分析师与多个基于 DAO 的组织合作进行风险投资。这种从集中式公司到网络化公司的转变，将是风险基金在未来 10 年内进行的最重大的转变。

Syndicate 可以快速将任何一个 Web3 钱包变成一个投资俱乐部的投资 DAO 工具，在 2021 年获得了 a16z 2000 万美元的投资，2022 年又获得了 OpenSea、Circle Ventures、Polygon、United Talent Agency 和 Coin List 等超过 50 个投资机构 600 万美元的投资。这是一个去中心化的投资平台，这两年之内吸引了众多中心化的、传统的投资机构参与，这本身就充满了戏谑的味道。Syndicate 正是切中了传统投资的痛点，用最原生的 Web3 方式，在现有的法律框架下高效、强大地将投资机构带入了寻常人家。

Syndicate 允许任何以太坊钱包创建一个最多容纳 99 人的小组，使用专属社交链接邀请其他人加入。加入的投资人可以自主通过智能合约汇集资金，并参与基础的投票活动。Syndicate 的产品设计完成了所有投资人对"国库"资金的访问、监管需求，又完成了良好的治理参与设计。

Syndicate 平台现在已经拥有 6000 多个投资俱乐部，部署投资资金超过了 530 万美元。投资俱乐部里存在两种角色，分别是管理员和投资人。管理员负责创建、运营、管理俱乐部的基本信息，包括钱包管理、成员管理、资金管理等。投资人通过智能合约出资并参与讨论、投票决策，可以通过链上数据全程跟踪、监控资金使用情况。在出资完成后，Syndicate 会根据投资俱乐部等名称生成一个治理通证，投资人正是通过这个治理通证完成身份验证、投资参与、退出等所有操作的。

据 Syndicate 的联合创始人 Ian Lee 称，建立产品的初衷是"协助维持合规性，为投资俱乐部成员做正确的事情，让所有的风险投资就像群聊一样简单"。长期以来，投资俱乐部一直是投资者集中参与风险投资、讨论和交流投资策略的流行选择，它们可以是半正式的组织，不收取成员的加入费用。社交网络上的好友、天使投资人，又或者是自己的邻居，现在都可以简单快速地创建和管理一个投资俱乐部。作为一个投资 DAO，Syndicate 创建的 Web3 投资俱乐部可以投资通证、NFT 及链外企业和资产（法律实体）。

— 第 6 章 —

# Web3 的另一面

　　Web3 从技术到模式的发展都在被热议，然而，Web3 的另外一面也充满了矛盾、悖论。带着对传统的反叛、对监管的僭越、对未来的期许，Web3 像历史上任何一个新生事物一样，充满生机又饱受争议。我们无法用单一的评价尺度来权衡一个正在高速发展的新事物，只在技术和商业的另一面，探讨一下 Web3 的另一些可能。

## 争议与悖论

正如历史上无数次出现的故事一样,Web3 从出现的第一天开始就饱受争议。信奉者认为 Web3 是跨时代的机遇,它完全摒弃了旧世界的利益体系规则,正在建立一个更加平等、自由、高效的新社会。反对者认为这是一场彻头彻尾的营销骗局,Web3 只不过是躲在暗处,用一些新奇词汇巧妙包装的另一次骗局,和郁金香没有任何区别。谨慎的中立者徘徊在门外,犹豫不决,面对风起云涌的新局面困惑不已。这一切是如此熟悉,火车刚出现的时候,欧洲人视之为怪物,甚至诋毁它会造成马的流产,所有旧势力纷纷抵制、嘲笑。然而历史从来不会真正在乎反对者的声音,我们今天已对时速 300km/h 的高铁习以为常,放眼过去,已经全然不见 100 多年前赶着马车对火车鄙夷的众生相。

"有人看到过 Web3 吗?我没有找到。"特斯拉的 CEO 马斯克在推特上公开嘲讽 Web3,表示听说过但没见过,在他眼里 Web3 只是营销者的术语,并未实际发生,也不会让用户收益。推特前 CEO 杰克·多尔西(Jack Dorsey)更是不断质疑、攻击 Web3,"你们并不拥有 Web3,而是风投机构和他们的有限合伙人拥有,Web3 永远不会逃脱他们的(资金)刺激"。他甚至直接领导并成立了一个新的公司 TBD,主推的项目是 Web5,听上去有点搞笑,但杰克·多尔西宣称:"这可能会是我们对互联网做出的最大贡献。我为团队感到骄傲。为了 Web5(安息吧,Web3 风投们)。"在大部分人连 Web3 还没有搞明白的情况下,都已经进入 Web5 了?那 Web4 去哪里了?嘻哈歌手、知名推特网红 Snoop Dog 甚至宣布自己正在开发 Web6,TBD 对此回应道:"酷啊,击个掌吧,老铁。"

如果我们退后一步,冷静分析这些争议内容,我们将会发现,它们大致来自不同的

利益集团。更直观一点说，就是不同的言论来自不同的立场。我们看见了新旧利益博弈、技术迭代争议、商业模式变异等，然而正是因为有了这些争议，让Web3有了继续进化的可能性。我们不赞同成为激进的变革派，也不赞同成为陈旧的保守派，更不赞成大家都是袖手旁观的中立派。当面对未知时，最好成为典型的实践派。如果你对一个新事物充满好奇，那么可以忽略周围的噪声而动手去做，你将会有更加深入的理解。

## 新的垄断正在萌芽

推特的前CEO创始人杰克·多尔西开玩笑声称Web3在a和z之间。为什么是a和z之间？其实他想表达的意思是，Web3被a16z给垄断了。这当然是一句玩笑话，但也从侧面印证了a16z这家投资机构发展势头凶猛。

a16z为什么突然在Web3时代崛起？任何事情都有其背后的原因。Web3时代具有代表性的项目是a16z合伙人在2013年领投的Coinbase，这是目前全球最大的加密数字资产交易市场，这家公司于2021年4月上市，市值一度冲破了800亿美元。a16z在这家Web3的公司里连投8轮，Coinbase上市后a16z退了一部分股票，套现43亿美元后还握有7%的股份，仍是Coinbase的第二大股东。

a16z在2013年投资了Coinbase之后，就一直在基于区块链、Web3概念的早期项目中做探索。2018年6月份a16z还专门成立了一支3.5亿美元的加密基金，此后又连续成立了2期和3期的加密基金，并于2022年5月又成立了第4支加密基金。四期加起来的基金规模已经超过了76亿美元，其中将近60%投资的是种子期的Web3项目。

因为Web3项目的退出方式非常多，更灵活，所以不一定非要走IPO这条路。在2019年的时候，a16z要求他们所有的合伙人通过考试，变成注册财务顾问，这意味着a16z不再是一家风投公司，不需要再受美国证券交易委员会（US Securities and Exchange Commission，SEC）对一家风险投资公司的监管控制。也就是说，它可以绕过监管，进行更具风险性的投资。转型后的a16z，将摆脱加密货币、数字资产等被SEC视作高风险投资领域的投资规模限制（不能超过基金规模的20%），现在它可以

# 第 6 章　Web3 的另一面

掷 10 亿美元在加密货币上，也可以无限购买上市公司或其他投资者的股票。这是 a16z 为 Web3 的市场机会爆发提前做的一些布局，业内号称 80% 有价值的 Web3 企业都被 a16z 投资了一遍。

a16z 创始人曾说，Web 2.0 时代平台垄断了互联网的流量，因此网络效应最大的受益方是平台。但在 Web3 时代，整个公司平台回到了协议本身，而用户是协议的直接拥有者。这似乎很有道理，然而在资本层面，a16z 几乎参与了 Web3 的所有赛道，投资了几乎每个赛道的头部项目。这种"资本黑帮"的无形控制正在日趋激烈，Web3 派系正在逐渐滋生。

表面看这只是杰克·多尔西和 a16z 之间的一场口水战，但实际上结合我们在前面屡次提到的 Web 1.0、Web 2.0 的初衷都是美好的，之所以变成今天的垄断性质，资本无疑是在背后的主要驱动力。

杰克·多尔西是比特币的狂热投资者，也是加密货币的早期投资者，他认为大多数所谓的 Web3 协议正在被推广，只是为了让高调的风投机构以牺牲普通交易者和狂热者的利益为代价，套现他们的股份。风投机构通过大规模购买通证进行加密货币投资，在理论上可以获得对协议的控制，通证通常被赋予投票权，有助于决定这些平台的管理方式。通过大量的通证股权来集中权力，将与这些协议的去中心化性质背道而驰，因为这些协议应该由去中心化的用户来管理。

a16z 合伙人 Chris Dixon 说：在 Web3 中，所有的代码、数据和所有权都是开源的。但这种类型的开源并不能让杰克·多尔西满意，他认为，比起技术的开源，所有权更为重要，把精力集中在真正安全和有弹性的技术上，让这些技术属于大众而非个人或机构，这才是重要的。

从 Web3 的发展来看，资本无疑加速了 Web3 的发展进程。无论是 DeFi、NFT，还是公链，如果没有资本的推动，Web3 不可能发展这么迅速。同时 Web3 依赖于社区的所有权。如果没有社区的所有权和参与，那么它根本就不算是 Web3，只有将所有权交到社区手中，Web3 才会成功。

就目前的情况而言，因为资本本身具有天生的逐利性，而任何事物的发展都需要资本参与，这是没办法改变的事实，因此 Web3 的发展也不能摆脱"资本控制"。而且由于事物发展初期的不完备性和 Web3 本身的"去监管"的特质，使得 Web3 的资本控制在初期阶段尤为严重。这里所说的"资本控制"指的是，部分或者说大部分发展正常的项目的融资方（包含项目方本身）都有高的资本回报率的特质，具体到某些实际的 Web3 相关的项目上，如 GameFi、公链、DeFi 及目前比较火的"X to Earn"项目等，融资方及项目方都获得了高额的资本回报率。当然，追逐高的回报率是资本的天性，不过风险投资机构在非 Web3 领域的投资周期一般较长，而在 Web3 领域一般较短。这样一来，导致的结果是一旦资本抽离，项目就可能很快被置于废弃或者几乎废弃的状态。当大部分利润都被项目方及融资方拿走，实际用户尤其是后期用户就会被套或者被迫"割肉离场"，前者最终实现了利润的垄断。

如果资本垄断不可避免又或者最终可以被 Web3 融资的新范式解决，那么技术方面的垄断似乎要来得严重得多。2021 年 12 月，因为亚马逊云部分地区宕机导致中心化交易所 Coinbase 停止服务，人们惊讶地发现，Web3 去中心化的交易所 dYdX 居然也出现了数小时中断，这太不可思议了！dYdX 公告承认部分服务使用了中心化的亚马逊云，会在日后进行改进，因此这引起了技术、投资圈的轩然大波。

事实上，在今天的 Web3 技术架构下，暂时还离不开很多中心化的服务，只苛责 dYdX 似乎有点过分牵强。除了 dYdX 利用中心化的云计算之外，绝大部分的 Web3 都将代码托管在 GitHub——这是一家中心化的代码托管平台，2018 年被微软公司斥资 75 亿美元所收购，但还有超过 5000 万的开发者在使用 GitHub。在关于 Web3 技术底层架构的章节，我们谈论了用户的使用流程。实际上，垄断如空气一般无处不在，绝大部分去中心化的 dApp 需要通过浏览器（Chrome）加钱包（MetaMask）来访问，或者是通过移动终端（iOS 或 Android）访问。

有人笑称，如果 Infura（以太坊网络上最大的节点提供商，其为一些常用的 Web3 应用如 MetaMask、Uniswap 等提供工具和基础设施）或者是 Cloudflare（Web 应用防火墙及分布式域名解析服务商）中的任何一家停止服务，所谓的去中心化 Web3 即刻会灰飞烟灭。虽然这些批评非常尖锐、刺耳，但这并不能阻止 Web3 对去中心化的探索。

Web3 天然地带有反垄断性，如果今天垄断依然存在，那么只能说明，Web3 进化得还不够彻底，前路漫漫。

## 抗审查与属地政策

Web3 巨大的变革在表述上很容易引起监管机构的敌对，我们在前述内容里多次提到，"去中心化"并非"无中心"，而是"多中心"；同样，"无须许可、无须信任"并非"对抗监管与审查"，而是"自主控制资产和隐私"，不被其他机构滥用；"代码即法律"并非说技术是法外之地，它应该表述为"代码就是准则"。再次明确这些概念后，我们所理解的 Web3 其实正在积极与政府、机构合作，为反洗钱等金融犯罪行为提供更完整的证据链。

2022 年 3 月 7 日，美国上市加密货币交易所 Coinbase 的法务长 Paul Grewal 发布了最新文章。他在文中表示，Coinbase 会遵守对俄罗斯制裁的一系列举措，例如，禁止受制裁地区的注册访问，任何人在受制裁地区使用 IP 地址访问 Coinbase 网站和服务，都将被限制；自侦探高风险账户，并宣称已经阻止了 25000 个从事非法活动的俄罗斯个人或实体有关的地址。

有代码的地方难免有 Bug，而网络黑客一直在等待机会乘虚而入，盗取加密资产。Web3 行业也面临利用加密资产进行洗钱、人为地恶意违约等问题。这些问题单纯依靠区块链本身的自治是无法有效解决的，都需要有相应的国家和机构监管介入。

Web3 领域一直处在全球几十个监管机构的监督之下，数字货币从最开始就在各国金融机构甚至国家安全机构的监视下，然而 Web3 不断发展，诞生了很多新生事物，如元宇宙、NFT、GameFi、DAO 等，这些都正在改变传统的商业模式，重塑全球数字商业版图，目前国家和地区层面对于 Web3 的监管也在发展，态度有所改善。

提到各国政府对 Web3 的态度，首先要提到的国家是萨尔瓦多。在其总统 Nayib Bukele 的带领下，举国投资比特币。2021 年 9 月 7 日，萨尔瓦多正式将比特币定为本国法定货币并推出 10 亿美元比特币债券发行计划，所募集的资金一半将用于购买比特

币,并持有5年,其余部分将用于资助与比特币有关的项目发展。

2022年5月26日,日本首相岸田文雄在日本众议院预算委员会发表声明,将Web3提升到国家战略层面,打算举全国之力推动Web3的发展。日本还专门设立了Web3部长,负责推广NFT和DAO。日本相关部门认为,除了NFT将成为未来经济的重要组成部分,DAO也将给经济以及人们的生活带来改变。日本还颁布了世界首个稳定币法案《资金决算法案修订案》,在该法案中,日本将稳定币归为加密货币,并允许持牌银行、注册过户机构、信托公司作为稳定币的发行人。稳定币必须与日元或其他法定货币挂钩,并保证持有者有权按面值赎回。日本政府同时批准了《2022年经济财政运营和改善的基本方针》,要通过推进更去中心化和可信任的互联网,扩大和普及区块链上的数字资产,让用户使用和管理自己的数据资产,从而创造新的价值。

为了实现"确保Web3革命首先发生在美国",美国在Web3领域从宏观层面持包容创新的态度:鼓励试点创新、设置底线、税收执法、向市场学习。而在微观层面,不同州、不同的监管机构和不同交易部门对Web3的态度有很大的差异。在美国,Web3和加密货币主要由金融稳定监管委员会(FSOC)负责监管,该机构负责识别美国现有或潜在的金融系统风险,也负责组织讨论对于新兴金融科技的应对政策,从而避免这些新兴科技成为美国金融监管的盲点。不同州的制度也不同,比如,怀俄明州已通过一项法案,正式允许DAO成为法律实体,迈阿密的目标是将本市打造成Web3的新硅谷,纽约市市长希望本市成为加密货币和其他金融的创新中心。

相较于美国,欧洲联盟(简称欧盟)在Web3监管方面更加积极。《加密资产市场条例》草案(MiCA)是欧盟金融监管机构对Web3可能存在的市场波动、洗钱和恐怖主义融资风险的回应。MiCA立法主要针对去中心化交易所等中介机构,对DeFi项目、PoW挖矿则暂时不做监管,而稳定币会迎来严格的监管。

新加坡一直在加强对Web3的监管审查,新加坡要求新加坡注册的数字资产服务商出海后要获得授权许可,并遵守当地的AML/KYC监管要求,新加坡金融管理局也将对有海外业务的数字资产服务商实施监管。同时,新加坡启动了守护者计划,旨在推动资产通证化的经济潜力和增值用例,测试资产通证化和DeFi应用的可行性,同时

第 6 章　Web3 的另一面

管理金融稳定性和完整性的风险。

2022 年 3 月 9 日，迪拜通过了第一部监管虚拟资产的法律，并建立了一个独立的机构，在监管、许可、治理，以及本地和全球金融系统的一致性方面，监管虚拟资产在迪拜的发展。新成立的迪拜虚拟资产监管局（VARA）将在迪拜国际金融中心以外的阿联酋特别开发区和自由区拥有执法权。法规要求迪拜居民在从事加密相关的活动之前向 VARA 注册。从事虚拟资产活动的企业也必须在迪拜建立业务，其中包括运营加密货币交易所、进行加密货币转移，以及与提供和交易通证相关的其他服务。

Web3 可以不依赖任何中心机构而独立存在，其去中心化、抗审查的特性，既成了特点，同时也成了问题点，国家和机构对 Web3 的监管仍将继续。Web3 的发展正处于十字路口，Web3 和中央监管之间的竞争将塑造 Web3 的未来。

## 黑客的提款机

2022 年 8 月 14 日，DeFi 平台 Acala 遭到了黑客攻击，增发超过 12 亿的生态稳定币 AUSD，导致 AUSD 严重脱锚，价格下跌了 70%。官方宣布紧急投票，暂停 Acala 的运营。事实上，这已经不是 Web3 世界第一次遭遇黑客攻击了。

根据慢雾科技统计，截至 2022 年 6 月，DeFi 安全事件发生了 100 多起，损失超过了 16.3 亿美元。把安全事故的数量按照从高到低的顺序排序，BNB Chain 上发生了 47 起，ETH 上发生了 29 起，其次是 Fantom、Solana、Polygon、Avalanche，所造成的损失以跨链桥最为巨大，达 10.43 亿美元；其次是 ETH 上损失 3.08 亿美元，BSC 达 1.4 亿美元不等。NFT 赛道上发生的安全事件约为 48 起，损失达 6281 万美元。其中，33.4%（16 起）源于项目自身存在的漏洞被攻击者利用，20.8%（10 起）源于 Rug Pull，而钓鱼攻击占了大部分，占比为 45.8%（22 起），多数是由于 Discord、Twitter 等媒体平台被黑客发布的钓鱼链接。跨链桥安全事件共 7 起，损失高达 10.43 亿美元，占 DeFi 上半年总损失的 64%，占 2022 年上半年总损失的 53%。值得注意的是，在 2022 年上半年损失金额达上亿美元的事件里，4 起中就有 3 起来自跨链桥。

对于这些安全事件，黑客的攻击手法主要分为四类。一是由于项目自身的设计缺陷和各种合约漏洞引起的攻击；二是包含主动跑路、钓鱼攻击等手法的垃圾项目；三是由于私钥泄露引起的资产损失；四是前端恶意攻击。这四种主要攻击手法占安全事件总数量的 95%。从典型安全事件中 ETH 的资金流向图可以发现，74.6% 的洗钱资金流向 Tornado.Cash，资金量高达 30 万枚 ETH。其中，23.7% 的洗钱资金保留在黑客地址，资金量约为 95570 ETH；1.5% 洗钱资金流向交易平台，资金量达 6250 ETH。

这些黑客攻击的安全事件让整个 Web3 蒙上了阴影，项目方、投资机构、用户都如履薄冰。我们从发生黑客攻击事件的项目、方式及资金去向可以清晰发现，Web3 开放性的技术架构、快速迭代的版本、去中心化的权限控制、用户完全掌握资产这些特性无不充满了危险。这就像一个新生儿，连呼吸都是困难、危险的，但这一切又是可以理解的。因为开放性，所以需要承担更多的安全防护、审计责任；因为用户完全拥有资产，所以需要更加增强安全意识，主动防范。

围绕安全问题，Web3 正在以自己独特的方式快速推进。通过安全审计公司对代码库进行体检，链上数据安全公司、白帽黑客正在分布式监测 Web3 的活动，甚至是中心化的交易平台、监管机构也开始重视对 Web3 的保护。

## 绿药丸与第三条路

在《黑客帝国》中，尼欧面前摆了两颗药丸。吃了蓝色药丸，会忘记一切，继续在虚拟世界中生存；吃了红色药丸，就能走出虚拟世界，回到真实世界。Web3 给出了第三条道路，即在虚拟中依然可以为真实世界做出贡献。通过对公共领域、公益事业的关注和重构，绿药丸类的项目正在兴起。

## Web3 正在进入公共领域

根据全球可持续投资联盟的数据，2021 年全球 ESG（Environmental, Social and Governance，环境、社会和公司治理）资产规模已经超过了 35 万亿美元，到 2025 年，ESG 资产规模有望突破 50 万亿美元。公共与私人的经济学讨论始于外部性，在经济学理论中，外部性指的是个体行为产生的公众影响。而在 Web3 的语境里，该理论则更多地以公共产品的方式存在于加密精英的讨论之中。

气候的恶性变化、不可持续能源的过度使用、开源软件开发者无法持续贡献，等等，人类正在陷入更多的公地悲剧，这样的全球协调失灵将给人类的繁荣带来系统性风险。所有人都厌恶这种情况，但由于缺乏更好的协调机制，每个人都无法阻止事态变得更糟。

在 Web3 技术已经成为生活一部分的世界里，该如何将我们的现在转变为一个公平公正、更可持续和更高生产力的未来，用更好的机制来从根本上解决全球协调失灵问题呢？利用 Web3 这个可转移价值的新一代互联网，我们可以构建出一种更可持续、可再生的系统，为全球的协调机制带来正向性，让公共产品的贡献者都可以得到足够的回报。我们相信 Web3 为我们开启了一个充满希望的谢林点（谢林点是托马斯·谢林在他的著作《冲突策略》中提出的著名的博弈论概念，指人们在没有交流的情况下倾向于使用的解决方案，因为这个选择对他们来说似乎很自然），会吸引全球的开发者、设计师、创始人和普通用户加入这场变革中，让加密技术成为再生经济的绿色药丸。

经济学中有这样一种情况，即个体可以不受限制地访问、消耗公共资源，他们依据个人利益独立行事，与其他人的共同利益相反，从而导致资源的枯竭，也就是"公

地悲剧"。而 Web3 正在进入公共领域,有望解决这个问题。

## Web3 公共产品的天堂

我们先来解释一下什么是公共产品。公共产品是所有人无须支付费用就可以使用的东西,如阳光、新鲜空气、开源软件、公园、新闻、公共沙滩、公共电视和知识等,是我们赖以生存的基础资源或公共设施。公共产品是非排他性的和非竞争性的,不宜由市场提供。

过去,开源协议等公共产品创造了巨大的价值,却没有一种内生的价值分配方法来维持自身的长久发展,没有办法解决"搭便车问题",只能等待外部不可持续的额外支持。Web3 提供了一种构建公共产品的新体系,由区块链技术支持的价值分配体系让更多人愿意尝试加入并共建社区,为公共产品投入资源,在改善社会福祉的同时也能让自身获得收益。

还记得魏波工作的那个 DAO 组织——Gitcoin 吗?那是一个基于以太坊网络构建的去中心化协作平台,由软件工程师 Kevin Owocki 于 2017 年 11 月创建。Gitcoin 的使命是建立和资助数字公共产品,创建人们为开放互联网工作使用的各种工具、技术和网络等基础设施,通过项目资助、人才匹配和社区创建来帮助 Web3 开源项目启动和发展,是开源项目社区协作的中心。

Gitcoin 以 Web3 开发者社区为中心,重视社区与更广泛的 Web3 生态系统之间建立有意义的联系。在过去的几年里,全球数十万的建设者和捐赠者共同努力,在 Gitcoin 上启动及资助了 Uniswap、Aave、Maker DAO、Curve、Dark Forest、Synthetix、Compound、POAP 和 Bankless 等 2800 多个优质开源项目,为开源项目带去了超过 6000 万美元的发展资金。Gitcoin 的规模和影响力仍在迅速增长,并深刻影响着公共产品的未来。

Gitcoin Grants 是 Gitcoin 的核心功能。Web3 中的公共产品项目可以发起资助,申请获得社区成员和捐赠基金的资助。Gitcoin 通过定期的 Grant Round 来完成对项目的配捐捐赠。除了个人捐赠外，Gitcoin 还获得了来自以太坊基金会和开源项目的长期捐赠。这部分资金组成了 Gitcoin 的捐赠匹配资金池，并通过"二次方融资"机制来匹配各个项目的配捐金额。

Gitcoin 开创了"二次方融资"的先河。二次方融资是指一种用于解决公共产品融资中低效问题的机制。

在这种机制下，项目的捐助人数比获得的捐助资金总额更重要。比如，项目 1 从 1 个资助者那里获得 100 美元，而项目 2 获得了 10 个资助者的 100 美元，在配捐时，项目 1 将获得 10 美元的配捐金，而项目 2 则会获得 190 美金的配捐金。这种方式将资金优先分配给了得到了更多资助者认可的项目，这样便确保了更民主的公共产品资金决策。二次方融资优化了多数人的偏好，将权力推向大众，远离"巨鲸"和其他中央权力经纪人。

为了对抵抗二次方融资的女巫攻击（一种在线网络安全系统威胁，是指个人试图通过创建多个账户身份、多个节点或电脑坐标来控制网络），Gitcoin 还联合了 Proof of Human、Bright ID、POAP 和 GitHub 等项目对用户身份进行认证，确保用户的真实性。

Gitcoin 的创始人 Kevin Owocki 致力于将 Web3 的理想主义变为现实，他相信 Web3 通过支持有影响力的开源区块链项目可以带来变革性的变化，增加参与者的收入。相比其他只关心隐私和去中心化等命题的赛博朋克自由主义者，Kevin Owocki 更倾向把自己描述为更关心通过加密技术解决可持续性和公平经济体系有关问题的"太阳朋克"（Solar Punk），为此他撰写了 *GreenPilled: How Crypto Can Regenerate The World* 一书，开创了对加密再生经济学领域的研究。再生加密经济学意味着我们应该用让每个人都能变得更美好的方式去构建项目，摆脱原来 Web 2.0 和资本主义导致的零和博弈和马太效应。

# 公益事业新力量

Web3 从诞生起就着眼公益事业，去中心化的逻辑思维也给公益事业带来了新的方向。环境、人口老龄化、女性权利、营养与食品安全、碳交易等领域都诞生了许多 Web3 项目，它们或以 DAO 的模式在运行，或在用 Web3 的方式筹集、管理资金，也涌现了一批热衷公益的先锋。

## Web3 公益事业的新逻辑

慈善研究组织 Candid 和灾难慈善中心于 2021 年发布的一项研究显示，在新冠肺炎疫情下，大约 30% 的美国慈善机构由于疫情造成的财务困境等问题而面临关门的风险，扩大捐赠来源、提高筹款效率成了当前公益事业发展的重要话题。借助加密技术，我们可以打破限制捐赠的中介、门槛和信任问题，以"链上代码"和"链下社区"创造汇集和分配慈善资金的新方式。

Web3 技术在以下方面促进了慈善公益事业的进步。

● 降低交易成本。区块链上的交易可以通过点对点即时完成，无须经过银行或金融机构，便可以直接将善款转给指定的人或非营利组织，这将有效减少交易成本。

● 提高透明度。区块链技术可以使捐赠和资金的流向环节变得透明，每一次捐赠都会直接被记录在区块链的公开账本上，资金使用记录透明、可追溯且无法篡改。并且可以通过 NFT 的形式为捐款人发放捐赠证明。

- 增强信任。公信力是公益的基石，透明的资金使用情况和 DAO 组织的运作模式，可以让捐赠人快速建立对 Web3 慈善项目的信任，消除了对第三方审计的需求。同时，加密网络的匿名性使得捐赠人可以在不暴露自身身份的情况下进行捐赠。

- 提高资金利用率。Web3 公益项目可以通过 DeFi 提高资金的使用效率，增加营收，保障项目的可持续运营。由于这个过程是在链上发生的，因此捐赠人和受捐人作为社区 DAO 成员，可以随时监督并查看链上数据。

我们一起来看看 Web3 中有哪些产品、机构和个人，为公益事业提供了新的公益范式，做出了突出贡献。

### ◆ Endaoment

Endaoment 是建立在以太坊上的社区慈善基金会，允许任何人将自己的数字资产捐赠给任何合格的非营利组织。Endaoment 建设了第一个加密原生捐赠人建议基金（Donor Advised Fund，DAF）平台，以实现大规模的数字资产慈善捐赠。目前 Endaoment 已通过各种加密货币，促进了超过 4200 万美元的慈善捐赠，通过直接捐赠或赠款建议向数百个非营利组织分配了 2500 多万美元。Endaoment 允许捐赠者创建捐赠人建议基金，以支持公益事业，如儿科癌症、环境或教育，并吸引社区其他 DAO 成员参与 DAF 的运营。

### ◆ The Giving Block

The Giving Block 是一个一体化的加密筹款解决方案，它帮助非营利组织安全、顺利地接受数字货币捐赠，并且有专业的策略师和资源库做支撑，实现了良好的筹款成果。The Giving Block 通过与 Bybit 等第三方交易平台合作，帮助交易所建立自己的捐赠平台，触达了数千万潜在捐款群众。当前，The Giving Block 已经获得了 1500 多家慈善机构的信任。其中包括美国癌症协会（American Cancer Society，ACS）、救助儿童会

（Save The Children）、热带雨林基金会（Rainforest Foundation）和女孩保护组织（She's The First）。

◆ 阳光公益联盟链

2017年7月，轻松筹联合中国红十字基金会、中国妇女发展基金会、中国医药卫生事业发展基金会、中国华侨公益基金会、中华少年慈善救助基金会、北京微爱公益基金会共同启动了"阳光公益联盟链"。"阳光公益联盟链"是国内第一个自主研发的公益联盟链，也是区块链技术在国内的首个真实应用。

区块链技术的公开、透明等特性与公益有着天然的耦合点，非常适合为落实公益项目透明化提供技术支持。轻松筹基于区块链技术，自研了底层区块链平台"阳光公益联盟链"，并且采用了联盟链的结构，每秒交易笔数可以达到10万次。"阳光公益联盟链"的价值在于可以尽可能多地联合公益组织、医院及所有践行公益事业的同行伙伴，共建一条属于我国的公益联盟链。以此为基础，更好地推动、完善公益行业在筹款信息方面的公开化、透明化，进而逐步提高社会公众对公益的公信力。

# 碳交易、女性权利与营养安全

## 1. 专注碳减排的 Toucan

随着气候变化的日益严重，碳减排成为传统企业和加密平台必须面对的问题，全球多个主要国家将建立碳交易市场作为碳治理的重要途径。碳信用与碳排放量可以相对客观地评价一个企业为碳减排或碳中和付出的努力，因此成了各国碳交易体系中的主要交易对象。Toucan、Klima、Regen和Moss等项目都是针对碳交易市场推出的DeFi项目，试图通过区块链技术实现碳交易市场透明、安全和高效的交易。

其中，Toucan以传统市场的碳信用作为抵押，将碳信用嫁接到链上，实现了碳信用的DeFi交易。Toucan提供了一个Web3的再生经济基础构件，最终促进了碳中和的实现。其他应用可以基于 Toucan 来开发新的碳交易市场。传统经纪人模式的碳交易缺乏透明度，需要场外交易，且会收取高额中介费，使得买方增加不必要的成本。

Toucan 用智能合约将传统中介取而代之，使碳交易以高效、透明的方式完成。通过碳信用上链，Toucan 鼓励企业产生更多碳信用来获得碳交易收入。截至 2022 年 7 月，Toucan 已经帮助超过 2000 万吨的碳信用上链交易，产生了 40 多亿美元的碳信用交易量。

## 2. 专注于营养安全的 Big Green DAO

Big Green DAO 由非营利组织 Big Green 创建，该组织专注于与食品安全和粮食园艺相关的慈善活动，希望通过营养安全改善人们的生活。Big Green 试图通过 DAO 组织来管理和分配慈善捐款，打破慈善事业的等级制度，简化慈善模式，实现民主和透明的管理。

特斯拉董事会成员 Kimbal Musk 于 2011 年创立了 Big Green。从那时起，该机构在美国各地的学校创立并支持粮食园艺项目，包括（但不限于）食物正义、学校菜园、家庭菜园、城市菜园、食物宣传和再生农业。Big Green 通过鼓励儿童到户外种植食物来促进更健康的饮食，并激发参与者的环保意识。

现在，他们希望用 DAO 的组织形式凝聚更多的能量和关注，并让机构的运作流程和资金使用环节透明化，改善组织管理，解决以往运作过程中出现的腐败和官僚问题，以促进公益资助，使非营利组织能够最大限度地发挥其影响力。在 Big Green DAO，捐赠人和受捐人都是社区成员，每个人都有同样的投票权利，资金分配由社区决定。成员可以在 Discord 上讨论项目发展，并在 SnapShot 上投票决定如何为非营利组织分配资金。

Kimbal Musk 在推特上表示，Web3 的理念和实践可以在慈善事业中发挥巨大作用。单在美国，DAO 就有望每年解锁高达 1000 亿美元的资金。他指出，将 Web3 工具引入慈善机构，可以显著提高其资源利用效率，消除这个趋势领域中不必要的官僚因素。

### 3. 女性公益社区 BFF Club

BFF（Blockchain Friends Forever）社区是由 100 多个行业的领导者创立的开放协作社区，其使命是帮助妇女和非二元性别人群在 Web3 中接受教育、增强能力，并使他们从 Web3 和加密世界中获得经济回报。BFF 社区已成为互联网上家喻户晓的去中心化品牌之一。

代表女性力量的 NFT 项目 myBFF

2022 年 1 月，BFF 社区将 8444 个"BFF 友谊手镯"NFT 作为会员通行证空投给了社区成员。2022 年 4 月，BFF 社区发布了它的首个 PFP NFT 项目——由著名的视觉艺术家 Jade Purple Brown 创作的 1 万个"You by BFF"NFT。这些 PFP NFT 允许所有者获得每个 NFT 所赋予的权益，比如，社区课程内容的访问权、时尚产品的折扣权、与创始人视频会议的权限，等等。

女性企业家布里特·莫林（Brit Morin）和杰米·施密特（Jaime Schmidt）是 BFF 的发起人。杰米·施密特是一位卓越的企业家，她曾创办了天然香体剂品牌 Schmidt's Naturals，并于 2018 年将其出售给了联合利华。最近她还创建了一家名为 Crypto Packaged Goods 的 Web3 公司。

Brit Morin 是 Brit + Co 和 Self-Made 公司的创始人。这两家公司提供了面向女性的课程、内容、产品和体验，其在线课程注册人数达数百万人，旨在培养女性的创造精神和动手能力，帮助女性创始人创办和发展企业。此外，她还同其丈夫 Dave Morin 等人一同创建了 Offline Ventures，这是一家早期技术基金和孵化器，致力于让人们的线下生活更美好，于 2022 年 11 月完成了 1 亿美元的融资。因为发现女性在科技领域获得的关注和资金非常不足，而她认为 Web3 是一个改变这种现象的机会，于是她找到 Jaime Schmidt 一起创立了 BFF 社区。

除此之外，创始团队还囊括了不同行业的知名企业家、创作者、艺术家和投资人等，共计 100 多位。加上数万名不同领域、不同种族背景、不同性取向的成员间互相帮助，使得 BFF 成了一个有强大协同效应的女性 Web3 社区。

## CC0 的艺术新秩序

CC0 是一种通用的开源版权协议，创作者将放弃版权及相关权利（仅保留商标权和专利权），如复制、传播、演绎、表演、展示和翻译该作品的权利。被放弃的版权进入公共领域，所有人可以自由使用。

CC0 是知识共享组织（Creative Commons）发布的一种版权声明协议，发布于 2009 年。我们可以这样理解 CC0：作者或创作者通过对特定作品声明 CC0，在法律允许的最大范围内，放弃自身在该作品上的全部著作权和邻接权，将作品贡献于公共领域。这也是 CC0 法律文本中提到"在法律允许的最大范围内，并且在不违反任何相关法律的情况下，声明人在此公开地、完全地、永久地、不可撤销地，并且无条件地放弃和让渡其对本作品的所有著作权、相关权利及任何相关的已知或未知的（包括现存的和未来的）权利主张或诉讼请求（权利放弃）"的原因。而 CC0 和 PDM（公共领域标识）则帮助想要将自己的作品贡献给全世界公共领域的作者和版权所有人完成其愿望，且方便添加标识并发现免于已知著作权限制的作品。

围绕 Nouns 的所有知识产权都在 CC0 下授权，完全开源，可以自由复制和修改。所有的 Nouns 都可以自由地制作衍生品，并在没有许可的情况下实现商业化。每 24 小

时通过算法生成一个 Nouns，生成之后在官网上进行拍卖，销售收入进入项目金库。Nouns 持有者自动成为 Nouns DAO 的成员，可以创建关于金库基金的提案，并支持投票表决。

> **注意**
>
> CC0 的使用者被限定为作品的作者或版权所有人，只有他们才有资格通过声明 CC0 的方式放弃其权利。如果与作品无关的第三人在某作品上随意使用 CC0，则该作品并不会因此进入公有领域，将这样的作品用于商业的行为依旧会被界定为侵权。

CC0 形成的开放系统，会激励社区和更多的创作者参与二次创作，所有的后续创作和传播都是在扩大原始作品的影响力。例如，越多人知道《蒙娜丽莎》，原作的价格就越高。原始作品影响力的扩大会提升二级市场的流动性和销量，从而带动价格上涨。这样一来，一方面，可以让 NFT 持有者从二级市场获得溢价；另一方面，可以为项目方和创作者带来版税收益。更多创作者参与二次创作，会帮助项目形成外部生态。

## Web3 的未来展望

诚然，Web3 仍有诸多不足，但未来已经开启，这条路注定充满艰辛与质疑。展望未来，Web3 在底层技术、用户普及、监管共生和全球合作等诸多领域都将面临巨大挑战，Web3 的概念仍需要不断进化、完善。幸运的是，无数的开发者、资本、社会组织、学术团体、国家都已决心投入，我们必将在未来拥有一个更加美好的 Web3 世界。

## 底层技术的完善

正如前文所言，Web3 代表某种去中心化理念，且基于区块链匹配相应通证经济体系，以驱动生态发展。然而，从现阶段来看，目前 Web3 仍处于发展早期，其基础设施仍然存在效率较低等问题，且其整体应用生态较 Web 2.0 大厂建立起的生态有较大差距，其渗透率短期内较难和 Web 2.0 相比。

智能合约安全性仍须加强，相比传统中介平台，智能合约可显著降低达成一致意见和操作的成本，允许区块链在没有中介的情况下进行可信交易。虽然智能合约在某种程度上具备替代律师、中介等职业的可能性，但其安全性仍要持续加强。其功能局限于代码（代码本身有可能存在错误，容易导致被黑客攻击），来尽力保护用户资产。

DAO 目前仍处于探索阶段，因此存在诸多问题。首先是安全性问题，以 The DAO 为例，2016 年其基于 Ethereum 建立了去中心化的量化基金，最初发行了 1.5 亿美元募资。然而由于代码漏洞，The DAO 的社区成员被偷走了价值 5000 万美元的 ETH，最后以 Ethereum 强行硬分叉告终，以尽量减少用户损失。这也说明了 DAO 这种理想型治理结构尚处于初级发展阶段（稚嫩期）。其次是缺乏相应人才的问题，DAO 背后的机制设计需要经济学、社会学、政治学等相关专业知识，目前主要参与者仍然以技术背景为主，导致机制设计仍存在诸多不完善之处。

通证激励机制是 Web3 应用中的重要一环，但是，其匿名属性及类似众筹的属性也带来潜在的过度投机、洗钱等风险。因此，如何对通证发行机制进行有效监管，成了全球各国监管机构面对的首要问题。目前来看，对交易账户进行实名及反洗钱等条例已经基本成为监管正规化的底线。而相对来说，中国监管机构则选择禁止通证机制设计，其出发点则是防范过度投机炒作，以对普通投资者和用户进行保护。

Web3是把网络治理权和所有权归还给用户本身的智能网络。在此层面上，每一个技术模块都处于百家争鸣的状态，大家纷纷在搭建整个技术框架。从技术架构层面上一层层拨开之后，我们就可以探讨现状和对未来的展望了。现在Web3应用产品的功能还比较单一，用户体验并不是特别好，使用门槛也比较高。本质的原因是配套支持的基础类建设技术还需要进一步完善，才可以支撑流畅的用户体验和强大的功能。我们知道，应用类的发展和迭代会快于底层基础建设类，所以反过来会倒逼底层基建协议进一步完善，以便能够更好地实现Web3的愿景，支持应用类的发展。然而Web3的技术瓶颈仍未突破，相较于现在的中心化网络而言，此时的去中心化网络的可扩展性和效率依然较差。即使某些分片技术实现了可扩展性的跨越性进步，但总体性能仍然是相对缓慢和低效的，仍然难以与中心化网络的效率相媲美。

## 用户人群的普及

用户的观念与认知长期处于中心化互联网模式下，用户已经形成了使用习惯，习惯将一切托管给中心化的第三方平台。而在Web3时代，用户必将发挥更大作用，这也将增加用户更多的责任，包括民主投票、社区治理、数字资产私钥保管等，都需要调动用户更大的积极性。而要扭转这一局面和认知，需要一代人长时间的努力。

目前我们与Web3互动，还需要更多的教育过程和适应时间，特别是新的模式需要额外的步骤，这可能是目前未被广泛采用的障碍之一。Web3的可访问性尚且不足，由于目前缺乏Web3和现代网络浏览器的整合，大多数普通用户无法访问Web3。另外，由于使用成本高昂，大多数成功的dApp在区块链上只放了很小的一部分代码。不可否认，Web3世界存在很重大的问题：低效。这与区块链从业者们认可的Web3去中心化运行有直接关系。去中心化的效率相较于中心化的Web 2.0要低很多。

使用去中心化网络需要支付隐性成本，进入Web3的用户都会被"手续费"的概念给弄糊涂，因为原本的互联网根本不存在手续费这件事。Web3要对用户科普的内容会远远超过区块链、比特币、加密货币要科普的知识。当然，开发者也可以通过多样的设计将应用程序设计的和传统 App 无异,让用户感觉不到这些复杂的运行机制的存在,但这类开发工具才刚刚起步。Web3 的普及难度可能很大,无论是对开发者的普及,还是对用户的普及,抑或是对企业的普及,都将异乎常规的难。在如今全球各个国家和地区都试图加强互联网监管的时代,为了取得大众信任,开发团队甚至需要定期露面来证明自己还在工作。如何把区块链运行得跟传统互联网一样,同时又能保持区块链的特性,是目前区块链开发者们仍在头疼和探索的难题。

## 监管和谐共生

在未来的 5 ~ 10 年里,我们将看到加密及区块链行业的蓬勃发展,每时每刻都会有激情四射的新人加入。从基础的零售投资者到公司,从资产管理机构到国家,每个层级都将会用各种形式使用这种新技术。它将影响经济社会中的每个角落,不仅仅是金融,还有艺术、收藏品、音乐、游戏、社交网络、电信、供应链,等等。我们相信,在未来,只要能为人类社会带来金融自由和繁荣的技术都将会对世界产生积极的影响。

根据一项数据调查,全球 500 强企业 89% 的高管表示,在未来 10 年,Web3 的创新将会定义以后 100 年的生态。在关于 Web3 的监管方面,37% 的受访者并不了解最近的情况,受访者都认为 Web3 的发展和互联网早期的形态并没有不同。事实证明,不受监管和控制的去中心化网络,容易成为低质量内容的温床,滋生不良产物,而制定合理的监管机制需要长时间的磨合与探索。所以,各国权力机构知道,只有在监管并保护投资者而不是扼杀其创新的前提下,才能让这项新技术成为世界技术发展的重要引擎。

各国必须对如何促进去中心化的数字基础设施有清晰的愿景。由于没有单点故障或控制,所以 Web3 基础设施对现有的脆弱、中心化、排他性系统有着显著的改进。接受多方利益相关者的治理和监管在谈到 Web3 的未来时,公共部门、私营部门和社会需要各自在专业知识和观点方面提供独特的贡献。因此,决策者应探索由多方利益相关者组织监督的监管框架,为不同的 Web3 活动创建有针对性的、风险校准的监督制度。

Web3 包含大量的用户行为，例如，艺术创作、策展、收集、出版、存储、借贷、汇款等，这些行为在区块链上归属于不同的层级应用，归纳与管理这些应用最简单的办法是将它们视为统一的整体，即针对 Web3 设定统一的政策。

在 Web 2.0 中，网络的经济利益绝大多数流向了运行网络的大公司，而在 Web3 中，网络价值将归于实际创造价值的用户、社区和开发人员，而不是中间商。至关重要的是，个人尤其是那些目前处于创新边缘的人，有机会在这个新的数字网络上创造价值并通过自己的努力获得收益。例如，Helium 等分布式网络与托管网络基础设施的个人和社区将会共享经济利益。

关于监管框架的国际合作，对于实现 Web3 是绝对必要的。决策者还应研究如何让 Web3 成为多边合作的支持技术，以应对迄今难以解决的全球挑战。

综上，毫无疑问，全球互联网正迎来突破，一批新制度、新尝试正在展开，因此要保证 Web3 的发展质量。

"不带病"发展是 Web3 发展的首要条件，如何提高质量是关键，因此要接受这些原则才能更好地应对用户采用规模道路上的意外挑战。

提高发展质量要充分发挥市场的力量。Web3 市场是一个庞大的生态系统，投资者、融资企业、中介机构等都是利益相关者。监管部门要营造良好的环境，让它们和谐共生，充分发挥市场的力量，才能实现各方利益的最大化。

此外，监管部门对 Web3 公司的监管力度必须加大，监管的重点在于公司治理（包含信息披露和内部控制），并通过公司治理的强化，促进经营管理水平的提升。要通过持续监管、精准监管，提高 Web3 公司的信息质量。对 Web3 来说，监管和自身质量发展不是矛盾对立的关系，而是辩证统一的关系。加大监管力度，提升 Web3 的治理，是当前全球 Web3 领域发展的重中之重，要让良好的 Web3 机制成为全球生活的增长点，成为世界经济社会持续健康发展的支撑点，成为展现互联网良好形象的发力点，让全世界人民都可以享受到 Web3 发展所带来的红利。

## 跨文化的合作

随着全球化的不断加深，跨国界和跨文化进行合作创新在组织中已经越来越普遍。跨文化合作为激发创造力提供了天然的土壤。来自不同文化背景的合作者有不同的知识背景、经历经验、多元化的世界观及不同的分析问题的方式，在沟通交流时更容易迸发创造力的火花，这也是 Web3 技术所带来的优势及技术特点所在。

与此同时，在跨文化合作过程中，人际交往难免面临着歧视和刻板印象等问题，可能会给合作创新带来巨大挑战。受不同国家和民族特定自然环境，以及特有的政治制度、法律体系、宗教信仰、意识形态、风俗习惯和文化传统等影响，人们有时会以自己圈层的文化作为标准和参照去评判其他文化圈层，造成理解和认同方面的阻力。因此，现有的研究认为，跨文化合作对创新的利弊结果取决于合作者。例如，来自不同文化背景的合作者之间以何种方式处理合作过程中产生的摩擦，以及如何有效地整合和利用多元的信息为创新所用，都会影响创新的结果。

关于这个问题的解答，以太坊的创始人 Vitalik Buterin 提出了一个技术方案——创建可信的中立机制。

可信的中立机制的四个要素如下：

- 机制中不应掺杂任何指定人群或结果；
- 开放源代码并在大众监督下运行；
- 保持简洁；
- 不要频繁修改。

考虑可信的中立机制的另一种方式是"无知之幕"的想法。在这个思想实践中，要求公民在不知道对方的性别、种族、能力、品味、财富或社会地位的情况下，从而做出关于社会的选择。相应地，将"无知之幕"应用于创造者平台，使人们能够测试政策机制、货币化机制、资金和产品机制的公平性和公正性。最后，他描述道："如果仅仅通过查看机制的设计，就能很容易地看出该机制不歧视或不反对任何特定的机制，

那么它就是可信的中立机制。"

我们很容易就能看出今天的 Web 2.0 平台如何缺乏可信的中立性，并且无法通过"无知之幕"进行选择：平台决定显示哪些内容的算法不可公开验证；平台故意删除某些创建者或某些内容是任意发生的；也会发生一些带有偏见的"霸权合作"。例如，Facebook 监督委员会是对可信的中立机制的不完美尝试。他们负责内容审查的 20 人，实际上均是由公司内部指定的。想象一下，如果以去中心化的方式去合作、去高效地完成某一件事情，当在完成后揭开面纱，发现对方可能是来自敌对地区的人，可能会恍然间顿悟：原来人类也可以放下偏见去合作，世间一切阴暗面的背后也会闪耀着人性的光辉。

## 科学技术服务于人

《未来简史》一书中提到："我们正努力打造万物互联网，希望能让我们健康、快乐，拥有强大的力量。然而，一旦万物互联网开始运作，人类就有可能从设计者降级为芯片，再降为数据，最后在数据的洪流中溶解分散……"作者尤瓦尔·赫拉利的这一观点虽然略显悲观，但也从另一个方向给我们以启发：无论要打造的 Web3 世界是多么史无前例，无论科技发展如何日新月异，我们都不能忘记，创造这一切技术的目的终究是要服务于人的。在数据主义大行其道之时，人类比任何时候都需要人文主义的关怀和对自我的认识。而我们要做的恰恰是利用好"数据主义"，继续深化人与人之间的连接，以及服务与服务之间的连接，让连接创造价值，才是人类社会不断进步的方向。

纵观历史，从以蒸汽机的发明为标志的第一次工业革命，到以内燃机和电力技术的发明和应用为主要标志的第二次工业革命，从以电子计算机技术的发展和应用为代表的信息技术革命，再到以基因技术、量子信息技术、新材料技术、新能源技术和虚拟现实等为代表的智能化革命，人类在科技领域的发展已经超过了曾经的数千年，人类在科技领域上的不断突破，推动了生产力的发展，改善了人们的物质生活条件和精

# 第 6 章　Web3 的另一面

神生活条件，提高了人们的生活质量。

从某种程度上说，科学技术是一把"双刃剑"。因为它既能通过促进经济和社会发展造福人类，同时也可能在一定条件下给人类的生存和发展带来消极后果：战争中的各类毁灭性武器，工业活动排放的有害物质，食品里的有害添加剂等多重因素，对人类构成了瞬间或长期的危害。若科技发展仅仅聚焦于推动经济增长、升级产业结构、创造个人财富，以市场、效率等为驱动实现技术变革，就有可能会越来越强烈地冲击人类社会的价值体系，甚至脱离伦理、道德的约束，造成人的价值观被不断扭曲、弱势群体的基本权益被不断蚕食的危险局面。因此，确立科技服务于人的目标，坚持科技惠人，坚持科技发展始终维护最广大人类群体的根本利益，使科技成果更多、更公平地惠及全体人类，是确保科技事业始终服务于人的全面发展及人类社会可持续发展的前提。

现代科学技术的发展为人类社会创造了巨大的物质财富，不断地改善着人类的生存条件和生活，也在改变着人的思想、思维方式和价值观念。科学技术是人类知识体系中的重要组成部分，也是人类文化的重要方面。无论是元宇宙中的用户，还是现实生活中的个体；无论是线上对体验感的追求，还是线下生活中遇到困境，科技最终的目的是为生活赋能，让我们在两个"平行世界"中都能感受到生命存在的美好意义。面对全球重大危机，任何国家都不可能独善其身。从过去的新冠肺炎疫情到可能的世界粮食危机，再到全球生物多样性下降，这都是危及人类生存的挑战。在这些涉及人类命运的挑战中，要深入联合研究，让科学技术成为推动发展的内生动力，要促进企业、研究机构的深度融合，为世界经济可持续发展增添不竭动力。

"未来"一词，从本质上来说是不明确的。但正因为不明确，所以有无限的可能性，它究竟会给我们带来怎样的惊喜和改变，我们仍然无从得知。虽然 Web3 依然会有争议，但我们相信，Web3 将成为改变我们生活的新型金融和数字基础设施的基石。